LA CHUTE D'UN AGENT DE CHANGE

Aux éditions Albin Michel

Du même auteur

Le Guide des privatisables

Dans la même collection

Gilles SENGES et François LABROUILLERE

Le Piège de Wall Street

JEAN MONTALDO PRÉSENTE

Jean de Belot

LA CHUTE D'UN AGENT DE CHANGE

L'Affaire Baudouin

Albin Michel

22, rue Huyghens, 75014 Paris

ISBN 2-226-03711-X

Pour Frédérique

AU LECTEUR

PAR JEAN MONTALDO

Ce document stupéfiant est le premier d'une collection que nous voulons consacrer à de grandes enquêtes sur des sujets majeurs, parfois tabous, mais qui, toujours, par leur exemplarité, illustrent les aspects essentiels de la vie française ou internationale.

Ayant moi-même révélé, puis suivi nombre des grandes « affaires » qui ont soit ébranlé, soit simplement marqué la Ve République, j'ai observé l'immense faculté d'oubli autant de l'opinion publique que de nos classes dirigeantes. En cette fin de siècle, la mémoire collective est de plus en plus défaillante. Qu'ils soient de gauche ou de droite, du centre ou d'ailleurs, ceux qui participent au pouvoir politique, économique ou judiciaire, comptent sur le temps pour effacer leurs insuffisances, leurs manquements, parfois leurs turpitudes. Cette collection a l'ambition de combattre ces « arrangements » avec la vérité. Elle procède du « journalisme d'investigation » indispensable à toute démocratie, et qui a reçu ses lettres de noblesse dans les pays anglo-saxons.

Ce journalisme-là a marqué ma carrière professionnelle. D'autant que, dans la presse et surtout l'édition, je fais partie des premiers et des trop rares à l'avoir pratiqué. Pesante, cette solitude m'a souvent porté préjudice. En France, quiconque s'exerce à ce type d'enquête est montré du doigt, traité comme un marginal... infréquentable. C'est sans doute pourquoi nombre de jeunes, talentueux et courageux, sont si souvent dissuadés de pratiquer le journalisme d'investigation. Ils ont désormais une collection qui leur est destinée, sous réserve de souscrire aux principes qui ont toujours été les miens : indépendance et non-conformisme.

L'auteur de ce livre, Jean de Belot, appartient à cette nouvelle génération de journalistes courageux. La pathétique histoire qu'il nous conte ici, après des mois passés à rassembler documents cachés et témoignages, m'a stupéfié. Grand reporter de l'hebdomadaire *La Vie française,* Jean de Belot est un spécialiste de la haute finance. Son livre demeurera un ouvrage de référence sur la Bourse, la communauté financière française, et leurs coulisses pourtant réputées impénétrables.

L'histoire? La chute de Louis Baudouin (un des agents de change les plus en vue à Paris), après l'effondrement des marchés boursiers mondiaux, le 19 octobre 1987. Ce cataclysme aura révélé les limites des institutions financières et la gravité des fautes commises par une multitude de pseudo-professionnels, spéculateurs délirants, souvent indélicats. Il a provoqué aussi, et par voie de conséquence, la mise en accusation de plusieurs agents de change, riches et prestigieux. A Paris, nombre d'entre eux ont été emportés dans la tourmente, leur fonds de garantie (et donc de solvabilité!) s'étant volatilisé dans de folles, pour ne pas dire illégales, transactions, sous l'œil mi-clos de l'administration du Trésor, pourtant leur autorité de tutelle.

À travers le cas exemplaire de la charge Baudouin, mais aussi des autres scandales qui ont ébranlé ces dernières années la Bourse de Paris (dont l'affaire Aletti-Cogema et le krach du fonds de garantie des agents de change), Jean de Belot nous fait pénétrer dans les époustouflants secrets du vieux Palais-Brongniart, véritable temple de l'argent. Son audacieuse enquête débouche sur un « roman noir » où se croisent et se mêlent honorables financiers, spéculateurs douteux, puissants banquiers, personnalités de la politique et des affaires, escrocs de haut vol, margoulins et grands bandits reconvertis dans la « surveillance » de la gestion patrimoniale.

Un roman où tout est vrai.

1.

« Louis Baudouin, levez-vous! »

Le ciel est gris et lourd ce lundi 14 mars 1988 sur Paris. Sous la verrière du Palais Brongniart, la séance de Bourse est indécise, neutre, presque morne. L'indice du jour oscille autour de 0. Plus 0,4 % à 13 heures; moins 0,2 % en clôture. Cinq mois après le krach d'octobre 1987, les boursiers sont désormais habitués à ces journées « sans ». Certes, quelques opérations ponctuelles, offres publiques d'achat, raids ou rapprochements, viennent de temps en temps animer l'ambiance. Ce lundi, les titres Facom et Crouzet font l'objet de rumeurs et sont légèrement « travaillés ». Mais sans plus! Le cœur n'y est pas. Car chacun le sent bien : rien ne sera plus comme avant.

Non que le krach interdise d'espérer retrouver demain une activité, des volumes d'ordres, des courtages, bref, un chiffre d'affaires, comparables à ceux de l'époque bénie des trois dernières années. Mais en ce début de printemps, l'univers du marché parisien est à jamais bouleversé. Jusque derrière les colonnes du palais de la Bourse, au cœur même de l'enceinte, tout, peu à peu, se transforme.

Échafaudages, palissades de contreplaqué, tentures de protection : le parquet est en travaux. Les « groupes », ces estrades sur lesquelles, depuis des décennies, les commis des charges d'agents de change confrontaient leurs ordres et négociaient les cours des sociétés, laissent place à des écrans d'ordinateurs. La froide sobriété de l'informatique vient ainsi étouffer peu à peu l'envoûtante bouffée de décibels criés, hurlés par des acteurs au langage de gestes, de mimiques, ésotériques.

Depuis le 14 juillet de l'été précédent, la célèbre corbeille des agents de change a disparu. Il reste encore sur le parquet la trace de l'espace circulaire inviolé que dessinait cette balustrade de merisier ornée de velours rouge entourant un tas de sable fin. Chacun y circule désormais librement, bafouant ainsi, sans toujours le comprendre, deux siècles d'interdit, deux siècles durant lesquels n'accédaient à ce lieu quasi mythique que les seuls agents de change.

Mais ceux-ci s'en vont aussi. Dans moins de quinze jours, le 29 mars exactement, la profession, vieille de plus de trois siècles, disparaîtra. Rançon versée à cette modernisation du marché financier que les membres de la corporation acceptent plus ou moins bien.

Aussi, même privés du rite de la corbeille, les agents, tant qu'ils le sont encore, continuent-ils de se retrouver quotidiennement pour la séance. On se salue, on parle des affaires, petites et grandes, de titres à livrer, de telle ou telle société cotée. A six semaines du premier tour de l'élection présidentielle, la Bourse, en gros, vote François Mitterrand. Les cauchemars du 10 mai 1981, qui avait entraîné un effondrement du marché, sont loin. Pierre Bérégovoy, l'ancien ministre de l'Économie, dont on dit qu'il pourrait réintégrer la rue de Rivoli s'il n'obtient pas Matignon, reste le Grand Argentier favori des Boursiers. Les réformes lancées durant son passage au ministère avaient, chacun s'en souvient ici, considérablement aidé le marché.

La campagne ne passionne pas. Plutôt qu'un duel

Mitterrand-Chirac, les boursiers rêvent d'avoir, ici à Paris, un affrontement aussi épique que celui qui oppose, chez nos voisins de Belgique, le terrible condottiere italien Carlo De Benedetti à l'état-major du groupe Suez, légèrement trop distingué, lui, pour paraître inquiéter l'ennemi! Certes, le feuilleton parisien est, depuis quelques jours, plus nourri : dans le rôle du méchant patron-prédateur, Didier Pineau-Valencienne, le président de Schneider, se heurte aux gentils-salariés-actionnaires du groupe Télémécanique. Vincent Bolloré, le jeune P-DG coqueluche de l'industrie française, poulain de la banque Lazard, enfant gâté de l'establishment, agresse Rhin-Rhône, une filiale du géant Elf. Hachette joue les raiders à Wall Street pour enlever l'un des dix premiers éditeurs de New York : Grolier.

Mais cela peut-il vraiment relancer le marché? Toutes les charges ne profitent pas de ces « coups ». Surtout, le matin même, Édouard Balladur s'est prononcé pour une modification de la législation sur les OPA. Certains agents s'inquiètent de ce nouveau projet.

D'un groupe de quatre ou cinq, l'un d'eux se détache. Il est 15 heures; sa charge est un peu éloignée de la place de la Bourse; aussi doit-il, une fois les dernières rumeurs recueillies, les derniers bons mots entendus, rentrer plus tôt que certains confrères.

D'un pas plus calme que lent, il se dirige vers la galerie extérieure. La silhouette est imposante : haute et ronde. Les cheveux, blancs, sont coiffés en arrière; le front est dégarni; le regard, malgré les yeux clairs, surprend par la fermeté.

Une gravité certaine se dégage du personnage.

A soixante-dix ans, Louis Baudouin compte parmi les plus anciens agents de change en activité. Il a vu nombre de marchés haussiers et autant de séances moroses; il a connu les heures fastes et les périodes de crise. Depuis longtemps déjà, son humeur est détachée des variations de l'indice. Il est l'un des « dinosaures » de la Compagnie.

Mais ce jour-là, l'homme est inquiet. Il sait, il sent que son nom alimente les conversations des confrères dans l'enceinte du Palais. Depuis quelques semaines en effet, sa charge fait l'objet d'un contrôle de la Chambre syndicale des agents de change. Il s'y est rendu à deux reprises pour être entendu par les dirigeants de la profession. Des rumeurs ont percé que la presse a rapportées. Aussi, le matin même, la société Louis Baudouin a publié un communiqué solennel : « Afin de protéger ses droits, elle se réserve le droit d'introduire les procédures judiciaires que nécessiterait la campagne de dénigrement orchestrée à son encontre. » L'agent n'était pas vraiment partisan d'une telle initiative. Au pays de Descartes, une infirmation n'est-elle pas la meilleure façon de confirmer ce qu'on veut démentir?

Dehors, Louis Baudouin s'arrête quelques instants en haut des marches. Pour scruter une nouvelle fois ce paysage familier.

A gauche, verre et béton, l'immeuble disgracieux de l'AFP, l'agence France-Presse. Et celui, non moins laid, du siège du Club Méditerranée. De l'autre côté de la rue du Quatre-Septembre, face au Palais Brongniart, le Vaudeville étend ses stores bordeaux. Le restaurant le plus « boursier » de Paris est, à cette heure-là, bondé. Rendez-vous classique des professionnels, fondés de pouvoirs, commis de charges, et opérateurs des services « Bourse » de banques, il accueille aussi des spéculateurs aux portefeuilles consistants, qui entrent en Bourse comme un marin prend la mer; et régulièrement des vedettes du cinéma ou de la chanson venues traiter là pour son plus grand plaisir leur agent de change favori. En terrasse bien sûr.

A droite, enfin, l'alignement des immeubles de la place de la Bourse, parmi lesquels, au 4, celui de la Chambre syndicale des agents de change.

Louis Baudouin descend les marches. Préoccupé, il ne parvient pas, contrairement à son habitude, à retracer dans sa tête les volumes d'échanges réalisés durant la séance sur les principales valeurs que la charge suit depuis longtemps. D'un coup d'œil rapide, il vérifie qu'au pied du Palais, à l'angle droit, la voiture est là. Il aperçoit la Fiat Uno vert bouteille à vitres teintées. Depuis bientôt dix-huit mois, Jacqueline Baudouin vient chaque jour chercher son mari à la fin de la séance.

– Au revoir, monsieur Baudouin.

Au passage des grilles, les deux plantons musclés qui filtrent l'accès de la Bourse saluent. On les a mis là depuis le jour où les terroristes d'Action directe ont échoué dans un attentat à la bombe déjoué, au milieu de la foule des donneurs d'ordre, par un commis d'Indosuez.

Jacqueline Baudouin allume le moteur et sort de la voiture pour accueillir son mari. Grande, le talon haut, le cheveu et l'œil noirs, vêtue d'une robe aux couleurs vives, elle arbore un sourire volontaire. Énergique. Provocant. Elle est sensiblement plus jeune que lui. Elle sait déjà que la séance a été moyenne et sans doute connaît-elle une partie des réflexions que va lui livrer l'agent de change. Mais qu'importe! Cette femme que la Bourse passionne depuis peu aime recueillir les commentaires à chaud de son époux.

En effet. Tout juste a-t-elle quelques instants posé avec insistance son regard sur l'immeuble de la Chambre syndicale des agents de change que l'agent lui parle déjà : le marché, mais aussi les rumeurs. Et la voiture roule. Le trajet est chaque jour le même. Rue Vivienne d'abord, pour rejoindre le boulevard Montmartre. Là, au second étage d'un imposant immeuble Empire, s'affiche en grosses lettres plastiques aux formes démodées le nom de la plus importante charge de la place : Meeschaert. Depuis quelques années la célèbre famille d'agents, originaire du nord de la France, a admis un jeune associé dans le capital de la charge, Régis Rousselle. Son nom n'a pas été apposé sur le balcon. Mais voici quelques semaines, en janvier, il est devenu le premier adjoint du syndic de la Compagnie, Xavier Dupont.

Passé le boulevard Montmartre, la petite Fiat enfile le début du boulevard Haussmann. Elle tourne à la Chaussée-d'Antin et prend, quelques mètres durant, la rue de Provence. Louis Baudouin s'est tu. Il aime contempler l'immeuble du 60. La façade est imposante : pierre de taille épaisse, larges balcons moulés, alcôves. Il en a toujours conçu une certaine fierté.

Jacqueline lui ouvre la porte. Il passe le porche de l'immeuble : la voûte est superbe, haute de plusieurs mètres, les bas-côtés soutenus par deux alignements de piliers. Avant d'entrer dans l'ascenseur, il entend la voiture démarrer.

Louis Baudouin monte directement au troisième étage. Il pourrait s'arrêter au second, pour prévenir le standard de son retour, et rejoindre son bureau par l'escalier intérieur. Mais les « jeunes femmes du second », comme il les appelle, connaissent ses habitudes. Surtout, après la séance de Bourse, bruyante, il aime à se retrouver quelques instants seul, au calme. Cette pause ne dure jamais longtemps, immanquablement brisée par l'appel d'un client, la visite d'un fondé de pouvoirs ou la question d'un chef de service.

Louis Baudouin ferme la porte. Il s'assied à son bureau et saisit dans le petit réfrigérateur une bouteille d'eau d'Évian. Puis il réfléchit et note sur une fiche cartonnée les impératifs de l'après-midi : dossiers à traiter, dirigeants de sociétés ou clients à joindre. Inventaire quotidien qui lui prend quelques minutes. Réflexion seulement perturbée par le passage plus bruyant d'une voiture ou d'une moto dans la rue de Provence sur laquelle donnent les deux portes-fenêtres de la pièce. Voici quelques mois encore, l'agent entendait parfois les éclats de la salle des marchés voisine. Mais depuis, les travaux achevés dans cette partie des locaux lui assurent le silence. L'agent apprécie ce confort.

Combien de temps cette pause dure-t-elle cet après-midi-là? Le téléphone sonne. Louis Baudouin reconnaît la voix d'une des standardistes. Celle-ci, exceptionnellement, n'est pas passée par son secrétariat.

– Ce sont ces messieurs de la Chambre syndicale. Ils arrivent. Il y a M. Rousselle.

– Entendu, merci.

Louis Baudouin s'interroge, vérifie sur son agenda : non, aucun rendez-vous n'était prévu. A moins que...

On frappe. Sa secrétaire n'a pas le temps d'attendre une réponse que Régis Rousselle ouvre la porte. Monsieur le premier adjoint est le rapporteur du « dossier » Baudouin auprès de l'organisme professionnel. Il est accompagné des dirigeants des services centraux de la Chambre syndicale des agents de change. Il y a là Bernard Mirat et Bruno Gizard, les deux secrétaires généraux adjoints, et Jacques Pinat, le directeur des affaires juridiques. Airs graves et visages fermés. Un vrai cortège funèbre. Mais Xavier Dupont, le syndic, et Philippe Cosserat, le secrétaire général, sont, eux, absents.

Louis Baudouin connaît très bien chacun de ces hommes. Depuis plus de vingt ans, pour certains. Il les a vus intégrer la Compagnie, les a parfois conseillés, a en tout cas partagé de nombreux moments avec eux.

Mais l'heure n'est pas à évoquer le passé.

Sans doute Régis Rousselle est-il, quelques secondes, un peu gêné. Agent depuis 1981, fraîchement entré dans la Compagnie, il sait qu'il n'est pas vraiment du sérail. L'homme qui se tient devant lui pourrait largement être son père. Et il le sait fatigué.

– Bonjour, Louis.

– Bonjour, Régis, bonjour, messieurs...

Traditionnellement, les agents se tutoient, et s'appellent soit par leur prénom, soit par des diminutifs ou des surnoms.

Régis Rousselle ne tarde pas à se reprendre. Grand, mince, le cheveu clair, le regard bleu, le visage fin et osseux : une certaine fragilité se dégage apparemment de la silhouette. Mais l'assurance et la gravité du personnage corrigent vite la première impression. Le nouveau premier adjoint a l'habitude des négociations, des rencontres et des face-à-face serrés.

– Louis Baudouin, levez-vous!

L'agent est déjà debout.

Lecture solennelle est alors donnée de la décision adoptée le matin même : « La Chambre syndicale prononce la suspension provisoire de six mois de Louis Baudouin et de sa société sur tous les marchés, organisés ou non. »

Posément, Régis Rousselle lit. Mais Louis Baudouin n'entend plus que des bribes : « la mesure est prise à titre conservatoire »; « la Chambre se réserve le problème des sanctions susceptibles d'être prononcées tant contre la société de Bourse Louis Baudouin SA que contre M. Louis Baudouin personnellement... »

L'agent de change, dans un premier réflexe, s'est assis. Puis s'est tout de suite relevé. Il a maintenant les deux mains posées sur son bureau. Et, lentement, il regarde un à un chacun de ses visiteurs. Le premier adjoint poursuit sa lecture à son terme. Puis s'arrête. Quelques longues secondes durant, personne ne dit rien.

– Il ne sera pas... il n'est pas question de malversations. Pas de ta part en tout cas, reprend Régis Rousselle. Ton intégrité n'est pas en cause. Mais tu sais que nous ne pouvons pas faire autrement ; tu ne nous as pas permis de faire autrement. Te concernant, il n'est question que de carences dans la gestion et la surveillance de la charge. Matériellement, tes clients pourront toujours passer leurs ordres, mais il vous faudra les faire exécuter par une autre charge...

D'autres personnes arrivent sur le palier. En effet, les dirigeants de la Chambre ne sont pas venus seuls. Le matin, avec Jean-Claude George, l'ex-journaliste vedette de l'hebdomadaire boursier *Le Journal des finances*, depuis un an à la tête de la communication de la Chambre, ils ont d'abord mis au point le texte d'un communiqué. Celui-ci doit, selon le timing établi, être adressé dans quelques minutes aux agences de presse. Ils ont ensuite demandé aux auditeurs du cabinet Peat Marwick de venir les rejoindre à l'heure prévue, rue de Provence. Et ils ont aussi ajusté leur arrivée avec celle d'Albert Chassagnon. Sur requête de la Chambre syndicale des agents de change, le célèbre administrateur judiciaire parisien a été nommé le matin même par le tribunal de commerce.

De taille moyenne, le cheveu blanc et le costume sombre, l'homme arbore une mince moustache. L'apparence générale est quelque peu démodée. Austère. Très Troisième République, pense Louis Baudouin. Mais l'administrateur n'est pas un émotif : en de nombreuses années de métier, Maître Chassagnon a débarqué dans des centaines d'entreprises en difficulté ou en crise. Son arrivée, vécue comme un drame par les dirigeants démis, constitue pour lui une espèce de routine. La mécanique est huilée. Les formes de la procédure standardisées depuis longtemps déjà.

Albert Chassagnon s'assied face à l'agent de change. Il pose une feuille sur le bureau et se met à lire. La voix est rocailleuse et monotone. Le texte est celui du procès-verbal de prise de possession. Le jargon juridique ne peut masquer la réalité des choses. Louis Baudouin écoute, paraissant porter attention à chaque mot, comme pour suivre parfaitement jusqu'où mène ce qu'il entend. Face à lui, derrière l'administrateur, chacun reste immobile.

Maître Chassagnon a redressé la tête. Il attend quelques secondes, comme pour ne pas avoir à répéter :

– Vous n'avez dorénavant plus la signature... Je vous prie de bien vouloir vous asseoir ici pour me laisser votre bureau.

Il a désigné un petit fauteuil sur le côté.

Les visiteurs ressortent déjà de la pièce. Leur présence s'est ébruitée dans la charge et les équipes viennent aux nouvelles. Dans la matinée, certains ont rapporté des rumeurs annonçant la nomination d'un administrateur provisoire. Silencieusement, « Ces messieurs de la famille » redescendent l'escalier de chêne, et sortent sur le palier du second. L'administrateur et son adjoint, eux, partent au service de comptabilité consulter les premiers documents.

Louis Baudouin a demandé à son assistante de fermer la porte. Lentement, il s'est rassis à sa place, derrière son bureau. Comme assommé, il s'enfonce dans son fauteuil, croise les mains, allonge les jambes. Ses yeux sont clos.

C'est de nouveau le silence dans la pièce. L'agent est assis face au coffre-fort de la charge. A droite, presque en face de lui, le bureau de Jacqueline, celui qu'elle occupe depuis qu'elle y est arrivée.

L'agent manipule entre ses mains son étui à cigarettes Christian Dior. Machinalement, il replace sur son bureau quelques objets familiers et réfléchit. Le film des événements récents défile dans sa tête. Tout est allé très vite. Incroyablement vite, de la part d'une institution qui, traditionnellement, a toujours préféré régler les affaires en secret, le plus discrètement possible, entre membres de la corporation. Alors que dans son cas...

Louis Baudouin reprend son agenda. C'est cela! Le 3 février dernier, voici six semaines, a eu lieu une première entrevue. Puis une autre le 15. Le souvenir est précis. Ce jour-là, Xavier Dupont et Philippe Cosserat l'avaient reçu dans la bibliothèque de la Chambre syndicale. Il les revoit encore, graves et cassants. La réunion avait duré deux longues heures durant lesquelles il n'avait pas été ménagé.

Certes, des reproches lui avaient été formulés concernant le fonctionnement de la charge; celle-ci présentait alors un compte débiteur auprès de la Chambre. Mais Louis Baudouin avait rappelé n'être pas le seul dans ce cas. Personne n'avait alors contesté cette évidence, se souvient-il. Surtout, Xavier Dupont le lui avait déjà dit :

– Ton intégrité n'est pas en cause.

Aussi ne s'était-il pas inquiété. D'autant que, depuis lors, nulle autre rencontre n'a eu lieu.

L'agent se lève et cherche dans son carnet le numéro de téléphone de son avocat. Il est 16 heures à peine. Il est « suspendu » depuis quelques minutes.

La porte s'ouvre. C'est Jacqueline Baudouin qui, alertée, est revenue d'urgence à la charge. Elle lui sourit, surprise de le trouver si serein.

– J'appelle les avocats.

L'agent hoche la tête. Tout en composant le numéro,

elle lui raconte avoir croisé les voitures des dirigeants de la Chambre syndicale dans la rue. Elle sait déjà que l'administrateur judiciaire est dans les locaux.

– L'avocat dit de venir tout de suite. Dans l'immédiat, ils ont surtout besoin des différentes pièces. J'y vais.

En quelques instants, la femme de l'agent de change attrape différents documents et pièces comptables. Et saisit le texte de la décision de suspension. Elle regarde son mari.

– Repose-toi... on se retrouve à la maison.

Jacqueline Baudouin ouvre la porte et sort dans le couloir. Plusieurs collaborateurs viennent alors entourer l'agent.

– Que se passe-t-il précisément? demande l'un d'eux.

L'agent n'a pas le temps de répondre. Une vague d'exclamations l'interrompt. On entend des « Qu'est-ce qui se passe? » inquiets, bientôt submergés par quelques jurons.

– C'est pas vrai!... Les salauds!...

Le brouhaha vient de la « salle des marchés » voisine.

– Coupez, on arrête tout... Coupez tout! répète en criant le patron de la salle.

Les opérateurs se sont regroupés autour d'un écran Reuter, du nom de l'agence internationale qui diffuse vingt-quatre heures sur vingt-quatre des informations économiques et financières en provenance d'un peu partout sur le globe.

« La Chambre syndicale des agents de change a décidé, à titre conservatoire, de suspendre provisoirement les activités de la société Louis Baudouin, sur tous les marchés, et les activités de son président. Les ordres adressés à la société seront transmis pour exécution à d'autres sociétés de Bourse... » Les lettres scintillent sur l'écran.

– Qu'est-ce que je fais, moi? demande un trader en train de négocier une transaction au téléphone.

– Tu coupes, je t'ai dit, tu coupes, répond le chef de la salle.

– Bon, eh bien, écoutez, reprend l'autre en s'adressant à son interlocuteur, je suis désolé mais je ne sais pas très bien ce qui nous arrive. Je ne peux pas continuer. Je suis désolé... On se rappelle, euh, je vous rappelle.

Le trader se lève. Golden boy à la mode parisienne, longue mèche, chemise à raies épaisses, montre à quadruple affichage (heures de Paris, de Londres, de New York et de Tokyo), il se tape la main sur la tête.

– Tu parles d'un truc, j'allais placer un super-bloc. Avec une méga-commission... Mais qu'est-ce qui se passe au juste?

– Il se passe que... il se passe... il se passe que la charge est suspendue, reprend l'autre, l'air hébété.

– Et qu'est-ce que ça veut dire?

– Eh bien, que pour l'instant on ne peut plus rien faire. On ne prend plus d'ordre, on ne passe plus d'opération...

– Mais alors, qu'est-ce qu'on va faire?

L'autre ne répond pas.

L'un des traders attrape un téléphone, compose le numéro de la Chambre syndicale et, au bluff, obtient le syndic, Xavier Dupont en personne, au bout du fil. Il en est d'abord tout surpris. Puis il décompresse :

– Ce que vous venez de faire est dégueulasse...

Il demande que les salariés de la charge soient reçus pour avoir des explications.

– Sans quoi, demain matin, à l'heure de la séance, nous manifesterons devant la Bourse.

Les salariés de la société Louis Baudouin seront reçus le lundi suivant. Cette concession obtenue, quoique dérisoire, détend quelque peu l'atmosphère.

Machinalement, l'un des opérateurs fait le tour des tables de « trading » et, un à un, éteint les écrans.

Après quelques minutes d'énervement, dans les couloirs encombrés, la bousculade est maintenant silencieuse. On s'interroge du regard, on erre d'une pièce à l'autre, comme pour chercher quelqu'un qui pourrait expliquer. Comme pour répondre au silence imposé à la charge, chacun se mure peu à peu.

Louis Baudouin, lui aussi, a lu sur l'écran de son bureau. Tout le monde est au courant, pense-t-il. En silence, l'homme ressasse la formule : « La Chambre syndicale a décidé, à titre conservatoire, de suspendre provisoirement... »

Plusieurs personnes sont avec lui dans la pièce, mais Louis Baudouin est comme seul. Isolé dans ses pensées. Il y a vingt-neuf ans qu'il s'est installé pour la première fois dans ce bureau; après y avoir vu, presque chaque jour, dix années durant, son ex-beau-père. « Louis Baudouin, agent de change depuis 1801. » La formule de la publicité récemment passée dans les journaux est un raccourci évidemment inexact. Mais elle comporte une part de vérité. Le métier repose largement sur l'*intuitu personae.* C'est lui qui dicte la confiance réciproque que s'accordent le client et l'agent. C'est lui aussi qui unit les membres de la corporation. C'est lui enfin qui intervient lorsque le détenteur d'une charge décide de la céder, soit à l'un des siens, soit à un gendre, soit à un tiers. Quel qu'il soit, le nouveau venu doit se soumettre aux mœurs, aux habitudes, aux règles écrites et surtout non écrites de la Compagnie des agents de change.

Ainsi, héritier d'une tradition ancestrale, et dirigeant d'une maison qui a compté parmi les plus actives et réputées de la place, Louis Baudouin connaît bien ce que furent les vies de chacun de ses prédécesseurs. Deux siècles durant, chacun des titulaires, sans exception, s'est tenu là, les fenêtres dans le dos, face au coffre-fort.

– Ce n'est pas la peine de rester davantage ici cet après-midi. Rentre chez toi te reposer. Les avocats savent où te joindre.

La voix est celle d'un proche de l'agent de change. L'une des rares personnes de la charge à le tutoyer.

– Nous répondrons aux clients.

Déjà un premier télex est arrivé. Les responsables de la trésorerie du PMU interrompent jusqu'à nouvel ordre leurs relations avec la charge. La copie tombe moins d'une demi-heure après l'annonce par l'agence Reuter de la suspension.

– S'ils avaient voulu flinguer la charge, ils ne s'y seraient pas pris autrement...

L'opérateur qui parle s'interrompt. Louis Baudouin est apparu sur le palier. Il dit quelques mots aux uns et aux autres.

– Je serai là demain.

Trois collaborateurs l'accompagnent jusqu'à sa voiture. Le coupé BMW 635 gris métallisé est garé dans la cour de l'immeuble.

– Voulez-vous qu'on vous conduise?

– Non, j'ai besoin de réfléchir, d'être seul, d'y voir clair.

L'agent ferme la portière. Il manœuvre. La voiture s'engage sous le porche. Et se retrouve sur les grands boulevards. Direction : Neuilly. Isolé dans sa voiture, Louis Baudouin écoute de la musique. La circulation est lente. Mais cela ne lui déplaît pas. Pour la première fois depuis longtemps, il n'est pas pressé.

Avant d'arriver à son domicile, il accroche pourtant deux véhicules. L'un près de la Madeleine, l'autre à la hauteur du parc Monceau. Les deux fois, Louis Baudouin laisse sa carte. Ceux qui la prennent et tendent la leur en échange ne savent pas qu'ils reconnaîtront demain dans la presse cet homme rencontré par les hasards de la circulation parisienne.

Il est tard le soir. Dans son appartement des quartiers chics, l'agent est très entouré : des amis, des salariés de la charge, quelques membres de sa famille. On boit tout de même. Commercialement, le coup porté à la société est évidemment lourd, très lourd. Nul ne sait très bien ce que signifie cette « suspension provisoire ». Mais la publicité volontairement donnée à la mesure prouve que la Chambre ne se soucie pas vraiment de l'avenir de la charge.

Le lendemain, mardi 15 mars, Louis Baudouin se rend tôt à son bureau. Il a peu dormi. Son nom est à la « une » des journaux spécialisés. Pour l'heure, il n'est que suspendu. Les observateurs s'attendent généralement à une décision rapide de l'autorité professionnelle.

Comme chaque jour, il se rend à la Bourse. Et comme chaque jour, il monte au restaurant. Ce que les agents les plus anciens appellent la « popote » et que les plus jeunes ont baptisé le « bar » se trouve au premier étage du Palais Brongniart. A l'extrémité de la galerie vitrée depuis laquelle les visiteurs peuvent observer, sur le parquet, le ballet apparemment réglé des professionnels. Sur la porte, une plaque : « Restaurant réservé à MM. les Agents de Change. » Hormis les titulaires d'une charge, seuls le secrétaire de la Chambre et ses deux adjoints sont autorisés à franchir ce seuil.

Il est midi et demi. Louis Baudouin pousse la lourde porte. Les conversations s'arrêtent, les têtes se tournent. Un instant Xavier Dupont hésite, puis se lève.

Dernier syndic de la Compagnie, Xavier Dupont deviendra dans quelques jours le premier président de la SBF, la Société des Bourses françaises, le nouvel organe professionnel, issu de la réforme. L'homme a mené le dossier à bien. Respecté de ses confrères, écouté de la communauté financière, interviewé plus qu'à son tour, il est la figure de proue de la profession. Les mauvaises langues disent qu'il se considère, après Édouard Balladur, le ministre d'État, comme le second personnage de l'économie et de la finance nationale. Ceux qui le connaissent depuis longtemps consentent à dire que, depuis quelque temps, il a changé.

Qu'importe! Grand, brun, le visage rectangulaire, quelques rides rares mais profondes accentuant la sévérité du visage, il est, au Palais Brongniart, le patron.

Xavier Dupont s'avance vers son aîné et lui parle quelques instants à voix basse. Ceux qui, accoudés au bar, entendent quelques-unes des paroles échangées, se détournent. Louis Baudouin regarde une dernière fois le fauteuil où des milliers de fois, autour de l'une des tables rondes, il est venu s'asseoir pour déjeuner. Xavier Dupont le prend par le bras et le raccompagne. Louis Baudouin ne proteste pas. Ses ressorts semblent être détruits : il se laisse bouter dehors. Deux ou trois agents de change se lèvent, tout de même, ulcérés par l'affront. Trop tard. Le lourd battant de la double porte capitonnée se referme déjà. Personne n'a osé réagir.

Tandis qu'il redescend vers le parquet, dans le bruit, bousculé une ou deux fois par des opérateurs pressés, Louis Baudouin est seul.

– C'est à cet instant-là, racontera plus tard l'agent, que j'ai compris que ma suspension n'était pas seulement provisoire.

L'affaire Baudouin éclate. Elle va, dans les semaines suivantes, défrayer la chronique.

Traditionnellement, les grands comme les petits scandales de la Compagnie se règlent en famille. Ou plutôt entre quatre yeux : ceux du syndic et du secrétaire général. S'il est connu et redouté, l'agent concerné est convié. On le reçoit, on l'écoute ; parfois même, on tient compte de son avis. S'il est membre de la Chambre syndicale, c'est-à-dire s'il fait partie des sept agents élus par leurs pairs en même temps que le syndic, alors il a droit à davantage de considération. Souvent même à un traitement particulier.

Les francs-tireurs, en revanche, sont solidement détestés. Mais en silence. Les intérêts de la Compagnie primant tout, il ne saurait être question de laisser apparaître la moindre faille dans l'édifice. Mécanisme presque parfait : chaque membre a finalement intérêt à entretenir cette épaisse opacité. On ne trahit pas. On ne révèle rien. Ni les sentiments, ni les dossiers ; ni les siens, ni ceux des autres. A fortiori les noms de ceux qui dérogent.

Aussi, en choisissant de désigner et de condamner publiquement l'un des siens, la Chambre rompt brutalement avec ses propres règles.

De façon incompréhensible ! En janvier, vient d'éclater l'affaire « Buisson-Arbitrage ». Autrement plus grave : la Cogéma, la Compagnie générale des matières nucléaires, le leader mondial du retraitement de l'atome et filiale du Commissariat à l'énergie atomique, s'est fait escroquer de 259 millions de francs sur le MATIF. Parmi les grands noms de l'industrie tricolore, d'autres victimes sont citées. Une enquête policière est ouverte. Le principal protagoniste, Jean-Marc Aletti, personnage trouble, est en fuite, recherché par Interpol, sur mandat d'arrêt international. On l'a laissé filer... à l'étranger. Le dossier est brûlant. Car aussi politique : Aletti n'a-t-il pas réussi ses escroqueries grâce au brevet de respectabilité, pour ne pas dire d'honorabilité, que lui confèrent ses relations avec, notamment, Jean-Charles Naouri, ancien directeur de cabinet de Pierre Beregovoy, ministre des Finances, et aussi celles de sa mère et de sa demi-sœur (attachée de presse de François Mitterrand, lors de la campagne présidentielle de 1981), toutes deux amies intimes d'une des secrétaires particulières du président Mitterrand, Madame Aletti mère étant, de surcroît, actionnaire de Arbitrage S.A.? Les petits porteurs ont alors découvert un marché financier aux allures de casino, avec des milliards qui valsent, des spéculations démentes et des contrôles pour le moins défaillants.

Un mois plus tard, en février, la COB a épinglé deux agents de change, coupables, selon elle, d'opérations frauduleuses. Et elle a publiquement révélé leurs noms. Cette première dans l'histoire de l'institution du quai Citroën a provoqué une colère noire des responsables de la Chambre syndicale.

Mieux : en mars, ces derniers savent depuis quelques mois déjà que les comptes de l'organisme professionnel sont en train de plonger. La Chambre syndicale a spéculé, joué et perdu sur le MATIF une partie des fonds censés protéger les... clients! La facture finale sera de 614 millions de francs. Trois mois après, en juin, les deux patrons de la maison, Xavier Dupont et Philippe Cosserat, devront démissionner. Mais sans subir l'infamie dont ils ont couvert Louis Baudouin.

Tous les errements de la Chambre ne sont pas encore connus quand Louis Baudouin est suspendu. En cette mi-mars, quelques jours seulement avant de se saborder et d'être remplacée par la SBF, la Société des Bourses françaises, la Chambre syndicale, pour la dernière décision de son histoire, s'offre une première : elle livre l'un des siens.

Dans un monde où celui qui trébuche est immédiatement piétiné, la brèche ainsi ouverte va être littéralement enfoncée. En quelques jours, c'est une avalanche de rumeurs, d'informations tantôt fantaisistes, souvent burlesques, mais toujours graves, qui s'accumulent sur « les gens de chez Baudouin ». La nouvelle affaire fait la joie des repas du Maxim's Business Club, rue Royale.

– Et vous connaissez le passé de sa femme!

Un autre, sur un ton récitatif :

– Mariée trois fois, liée au milieu du grand banditisme, proche d'un des grands parrains du milieu.

– Et c'est elle qui dirigeait la charge!

– Vous savez aussi qui s'y trouvait, tout au moins sur la fin? reprend l'autre.

– Oui, ce type... là, son nom m'échappe. Je sais bien, l'un des deux ou trois patrons du « milieu » français...

– Jacky Imbert, dit Jacky « le Mat ».

– Oui, le successeur de Gaetan Zampa...

– Non, plutôt un de ses ennemis, je crois...

– Je sais plus très bien. On m'a expliqué mais je n'ai pas vraiment suivi...

– Un caïd en tout cas!

– Quant aux types avec lesquels Baudouin s'était acoquiné, les deux patrons de la société de remise IPGF, l'Institut privé de gestion financière, Royer et Leprêtre, eux, ce sont des types pas possibles qui étaient en train de le promener allégrement...

– Oui! D'ailleurs, c'est eux dont parle aussi le communiqué de la Chambre syndicale. Tenez, je l'ai là... Ça se garde ce genre de choses...

Il tire un papier de sa poche, le déplie et lit :

– « Au cours de ses investigations, la Chambre syndicale a constaté de graves irrégularités dans l'activité de la société de remise IPGF, titulaire d'un compte auprès de la société Louis Baudouin. »

– Et la Chambre a saisi le parquet pour obtenir le retrait de la carte professionnelle...

– Il y en a un des deux apparenté à un proche de Chirac. Il doit bien y avoir quelque chose de politique dans cette affaire. Comme dans le dossier Buisson-Arbitrage... Là, il y avait un projet consistant à donner le contrôle d'une banque, la BIAO, la Banque internationale de l'Afrique occidentale, à l'homme d'affaires Jean-Claude Mimran... ami du RPR!

– C'est dingue, complètement dingue! s'exclament de concert les deux amis.

Chacun opine du chef, l'air entendu, un sourire malicieux sur les lèvres, le regard faussement effaré.

Une véritable curée que ni un communiqué, ni une intervention de la Chambre syndicale ne viendra enrayer.

Louis Baudouin, quelques jours durant, s'est éloigné. A l'abri. Dans une maison, près de Rambouillet, prêtée par des amis. Il fait de longues promenades. Dans une poche de veste, il conserve un mince livre à la couverture marron burinée : *Filiation des charges d'agents de change.* Charge par charge, les noms de tous les titulaires s'inscrivent avec les dates de leurs mandats respectifs. Il n'a été édité qu'une seule fois par la Chambre syndicale, en 1969. Depuis, Louis Baudouin, comme ses confrères, l'a annoté de sa main. Il le consulte régulièrement. Il l'ouvre à la page de sa charge. Après une vingtaine de noms, le sien.

Louis Baudouin; 1959- . L'emplacement de la seconde date est vierge. Pour chacun de ses prédécesseurs, il a calculé et inscrit la durée durant laquelle chacun d'entre eux a été agent de change. Avec vingt-neuf ans, il approche d'une année le record de Guillaume-Antoine Margaritis, agent de février 1895 à septembre 1925. Et il dépasse de trois ans le mandat de son beau-père, Jean Huet de Paisy, officier ministériel de 1933 à 1959.

Quoi qu'il en soit, pense Louis Baudouin, dans quelques jours, il n'y aura plus d'agent de change du tout. Ceux qui me suspendent ont tué la profession, ils l'ont fait disparaître, ils l'ont vendue aux banques...

Passé quatre jours, il ne tient plus. Il veut revenir à Paris. Parler, se défendre. Un soir, après le dîner, sa femme et lui décident de rentrer. Jacqueline conduit : depuis le jour de sa suspension, l'agent ne veut plus toucher un volant. Il lui demande de passer place de la Bourse. La voiture s'arrête face aux marches du Palais Brongniart, sur le parking. Louis Baudouin sort. La grille est fermée. La place est vide. Il n'y a pas un bruit. Le Vaudeville est presque éteint. Seul est éclairé dans la nuit l'immeuble de l'AFP.

Louis Baudouin marche quelques instants. Les mains accrochées à la grille, il ferme les yeux. Il se revoit, vingt-neuf ans plus tôt, grimpant vers les colonnes, à la fois fier et ému, le cœur battant, ce jour du mois de juin 1959 où il est devenu agent de change.

2.

Les années faciles

Au fil des générations, les offices d'agent de change se sont longtemps transmis par héritage : entre les frères, les neveux, les gendres, et parfois les cousins d'un titulaire, les candidats ne manquaient jamais pour recueillir la direction d'un office. Le secret des fortunes, la valeur de la charge, le statut d'officier ministériel, la nomination par le ministre de l'Économie, tous ces signes extérieurs d'exception aidaient à entretenir, dans les familles et dans le monde, l'image d'une profession hors normes et prestigieuse. Ainsi, plusieurs décennies durant, le milieu des agents de change vécut fermé, replié sur lui-même, et, sauf exceptions, produisit en son sein ses propres alliances. Il faudra l'hécatombe de la première guerre mondiale, et « la perte par la France d'un grand nombre de ses fils » pour que surviennent les premières mutations obligeant des familles à se défaire de leur charge.

Louis Baudouin n'est pas de ce milieu. Mais celui dans lequel il naît, le 29 juillet 1916, n'a, du point de vue matériel tout au moins, guère à lui envier.

A Saint-Sauveur, petit village de Haute-Saône, proche de Luxeuil, dans l'arrondissement de Lure, la famille Baudouin est plus qu'honorablement connue. Elle est l'une des fortunes locales des filatures et textiles et sa notoriété s'étend bien au-delà du département.

En ce début de siècle, l'industrie aussi sait susciter de judicieuses unions. En mai 1912, à la veille de la première guerre mondiale, Pierre-Joseph Baudouin épouse Camille-Jeanne Mura. La jeune femme, Alsacienne, grande et brune, est, elle aussi, issue d'une famille aisée d'industriels du textile. Elle a vingt-deux ans. La propriété des Mura se trouve sur Ronchamp, non loin de Luxeuil, à quelques kilomètres de Belfort. C'est là que, durant l'été 1914, le ménage s'installe. Endeuillé. Quelques semaines plus tôt, Jeanne a donné naissance à une petite fille, mort-née.

Bien que le climat des hautes terres qui l'entourent soit humide avec des hivers durs, la vallée de la Saône, qui traverse le département, a des étés chauds. Louis, Charles, Camille vient au monde à la fin d'un après-midi de grosse chaleur. La clinique de Remiremont, dans le sud du département des Vosges, à quelques kilomètres au nord de Ronchamp, jouxte la très belle église Saint-Pierre du XIVe siècle. Pierre Baudouin, le père du nouveau-né, va, en fin de journée, y dire une prière d'action de grâces.

Malgré la guerre, cette région des Vosges continue de connaître une importante expansion industrielle : les filatures et la confection, mais aussi les houillères, les fonderies, l'industrie mécanique et le bois.

Bien sûr, le front de la bataille est proche. Quelques semaines auparavant, sur le théâtre de Verdun, les Allemands ont lancé une attaque vers Souville. C'est la dernière tentative du général Falkenhayn, avant son remplacement par le maréchal Hindenburg. Elle est particulièrement meurtrière. Dans quelques semaines, le général Mangin reprendra et Douaumont et Bezonvaux. Et même si, comme à Paris, on ne connaît en province que peu de chose des drames des tranchées, la guerre est dans tous les esprits. La région de Belfort est fraîchement française qui ne fut cédée par l'Espagne qu'en 1678, au traité de Nimègue, signé par Louis XIV à la fin de la guerre de Hollande. Et on y est fermement anti-allemand.

Qu'importe au jeune Louis! Ses premiers souvenirs sont ceux des promenades que lui font faire les nurses de la famille. A Luxeuil, ces sorties ont pour but la basilique Saint-Pierre, presque intacte depuis le XIVe siècle, ou l'hôtel des Échevins; à Ronchamp, on monte en haut de la butte pour admirer de ce point la forêt qui s'étend jusqu'à perte de vue.

Bientôt, Louis a un frère, Jean, de quatre ans son cadet; puis, pour la plus grande joie du père, naît Jacqueline, la fille attendue.

La maison de Ronchamp est une très belle bâtisse rectangulaire. De sa chambre d'angle, au premier étage, Louis a double vue sur le parc. Celui-ci est noir, car les houillères proches crachent leurs gaz. Les arbres hauts achèvent de donner à l'endroit une ambiance particulière, de poésie sombre.

Louis ne va pas en classe. Chaque après-midi, le précepteur pousse la grille et vient le faire travailler. Français, latin et grec, histoire et calcul. Sur le bureau Louis XVI de sa chambre, le petit garçon s'applique.

Pour les vacances, la famille se déplace à Cembouing, dans l'est du département, près de Jussé. On borde la Champagne. La propriété familiale, en pierre de Langres, grise et noire, est appelée ici « le château ». Elle a vue sur la Saône. Les enfants vont s'y baigner. Plus grands, ils jouent au tennis. Celui du « château » de Cembouing est l'un des tout premiers de la région.

Enfance dorée, luxueuse, paisible mais également sportive. C'est très tôt que Louis prend goût aux longues promenades en forêt : les jeux de lumière dans la profondeur des mélèzes et des sapins sont parmi les premières images de son enfance. Son père est passionné de chasse et, bien sûr, Louis l'accompagne. A la saison, on se rend régulièrement dans la propriété familiale de Celestat. Là, avec les paysans, on organise des « ronds de lièvre ». Comme tout vrai chasseur, le père Baudouin a également une solide passion pour les chiens : l'année de la naissance de son fils, il reçoit Tango, un épagneul breton qui sera le premier compagnon du jeune Louis. Nature, chasse et chiens : Louis Baudouin ne cessera jamais d'entretenir ces passions presque héréditaires.

Régulièrement, le père Baudouin emmène son fils voir l'usine d'Ettore Bugatti, à Molsheim, en Alsace. Ce fils de bourgeois milanais s'y est installé en 1905, alors que la ville était encore allemande. Depuis, il n'a pas quitté cette ravissante bourgade, devenue sous-préfecture de département français.

Amateur de voitures, Pierre Baudouin achètera quelques-unes des sept mille cinq cents Bugatti qui, en trente ans, sortiront de l'atelier alsacien : le fameux cabriolet quatre places-deux portes et aussi la fabuleuse 35, rouge. Un jour, Ettore Bugatti demande à rencontrer ce client raffiné. Les deux hommes, l'inventeur génial et le patron du textile, se découvrent alors une passion commune : ils sont l'un et l'autre d'excellents fusils. Ettore possède une superbe chasse à proximité de Molsheim. « L'homme aux 1 200 inventions » a conçu et fait fabriquer une gigantesque roulotte équipée d'une cuisine, de toilettes, et d'une salle à manger de vingt-cinq places. Tracté par un énorme camion, ce relais mobile, extravagant, se déplace dans la forêt, en se jouant des trous et des ornières. Pierre Baudouin y sera convié à plusieurs reprises.

Un soir, il est reçu avec son fils aîné dans la propriété

de l'Italien. La villa Bugatti est, dit-on alors, la seule demeure d'Alsace où l'on mange à la carte. Mais ce jour-là, le jeune Louis est frappé par un autre spectacle dont il se souviendra longtemps : une machine à promener les chiens quatre par quatre permettant à quelques hommes seulement de tenir en laisse la cinquantaine de chiens que compte la meute de l'ingénieur.

Mais si la vie est aisée, très aisée, l'éducation n'en est pas pour autant moins stricte. Les horaires des repas, pris jusque tardivement non à la salle à manger mais aux cuisines, les tenues, les divertissements sont surveillés de près par les parents Baudouin. On est catholiques bien sûr, fermement croyants, mais sans ostentation, et longtemps certains sujets resteront tabous tant que les enfants n'auront pas un certain âge. On ne parle pas, ou presque, de politique : la famille est de droite, mais lorsque le Cartel des gauches l'emporte en 1924, et que le président Millerand démissionne, Pierre Baudouin explique au jeune Louis le mécanisme des événements. Sobrement. Deux ans plus tard, Poincaré revient aux affaires et c'est l'industriel qui souligne simplement la nécessité d'une politique rigoureuse. Plus tard, les grands courants idéologiques qui traversent l'entre-deux-guerres se briseront sur les murs de la propriété familiale. Si Louis entend parler d'Aristide Briand ou de l'Action française, c'est toujours en des termes mesurés, sereins.

Non que la famille se désintéresse des enjeux nationaux. Mais entre les plaisirs intenses d'une existence privilégiée et la réserve naturelle des gens de l'Est, il est finalement peu de place, dans la vie quotidienne, pour le débat d'idées. Fils et gendre d'industriel du textile, ayant repris à la fois les affaires de son père et de son beau-père, Pierre Baudouin raisonne comme eux. Et sans rencontrer de contradictions parmi les industriels locaux qui composent l'essentiel de ses relations.

Qu'en saurait d'ailleurs Louis? Enjoué, gai, sportif, la vie lui apporte tout ce qu'un enfant peut demander à cet âge. Classiquement, il rêve alors de devenir tantôt pilote automobile, tantôt ingénieur. Cette dernière vocation est quelque peu suscitée. Car il le sait très tôt : il devra, un jour, prendre à son tour la direction de l'affaire familiale.

A la rentrée de septembre 1927, il a onze ans, Louis entre en pension. Chez les dominicains de l'école Lacordaire à Meudon-Bellevue, dans la banlieue parisienne. Le week-end, le jeune garçon visite des cousins qui habitent la capitale mais il ne revient plus à Ronchamp qu'une fois par mois. Première rupture. A l'âge où se forme la personnalité, l'adolescent gagne rapidement en indépendance. D'ailleurs son univers d'enfance est peu à peu bouleversé. En 1934, Pierre Baudouin réalise une partie des usines de filature et de tissage et reconvertit le gros de ses activités dans la fabrication de masques à gaz. La famille vient s'installer à Orléans, rue du Bourdon-Blanc puis quai du Roy. Pour Louis, une première page se tourne : il reviendra longtemps à Cembouing mais n'habitera plus jamais Ronchamp.

D'autant qu'il déménage lui aussi. A dix-sept ans, il entre au lycée Ampère à Lyon. Ses rêves de course automobile se sont éloignés. Grand, la carrure solide, le regard fier, l'adolescent chahuteur est devenu un jeune homme brillant, à l'aise en société, séducteur. S'il a été gâté par la vie, l'éducation sobre et rigoureuse qu'il a reçue le protège de l'inconscience démonstrative des fils de familles trop choyés. Ses baccalauréats en poche, il passe par Math sup et intègre l'École centrale de Lyon. Il en sort trois années plus tard, diplômé.

Il n'aura, comme tant d'autres, guère le temps de

jouir de cette réussite. De la classe 1936, Louis Baudouin doit alors effectuer sa préparation militaire et intègre l'école d'artillerie de Poitiers en novembre 1938. Élève officier de réserve, il en sort aspirant en avril 1939. Le répit sera bref. La guerre approche qui va venir briser les élans y compris de ceux que la chance paraît avoir choisis. Mobilisé en septembre 1939, le jeune homme rejoint le 2ᵉ RCA, régiment colonial d'artillerie, à Nîmes. Celui-ci se déplace sur la frontière italienne mais n'aura pas le temps, avant l'armistice, d'entrer dans la bataille. « Une guerre sans un seul coup de feu », raillera souvent Louis Baudouin. Ce qui ne l'empêche pas, entre-temps, de devenir sous-lieutenant puis capitaine. Démobilisé début 1941, il rejoint la famille à Perpignan. Son frère cadet, Jean Albert, lui, partira, quelques années plus tard, sur le front de l'Est.

Redevenu civil, et ingénieur, Louis Baudouin entre à Gaz de France en 1941. Le siège du groupe est rue du Rocher et sa mission consiste à surveiller les installations parisiennes. Il partage alors un appartement, 28, avenue Marceau, près de l'Étoile, avec Philippe Thomassin. Son ami est issu d'une famille de banquiers et c'est par son intermédiaire qu'il rencontre, lors d'un dîner chez des amis, au cœur du XVIᵉ arrondissement, Roselyne Huet de Paisy; blonde, grande, au visage fin, c'est encore une enfant : elle a tout juste seize ans. Elle est la seconde fille d'un important agent de change parisien. Son père, Jean Huet de Paisy, vient d'être élu à la Chambre syndicale de la profession.

Qu'importe la guerre! Louis et Roselyne décident rapidement de se marier. Tout va très vite. Un jour de fin 1942, le jeune homme se rend à Orléans où ses parents sont de nouveau installés. Il leur expose son projet : Roselyne va avoir dix-huit ans; elle est la fille de l'agent parisien Huet de Paisy. Famille de militaires.

La future belle-mère, née Cahen, s'appelle Cahen-Fuzier, et est issue d'une famille de riches banquiers. Le père Baudouin donne sans réticence cet accord que ne demande d'ailleurs pas son fils.

Roselyne, de son côté, a annoncé à son père que le jeune homme désirait lui parler. « Qu'il vienne me voir au bureau, nous y serons plus à l'aise pour nous entretenir. » Dès le lendemain, Louis Baudouin, qui a été reçu plusieurs fois chez les parents de Roselyne, dans le seizième Grand Nord, se rend à la charge, rue de Provence. Pour la première fois de sa vie.

Dans le bureau du troisième étage, les deux hommes évoquent d'abord, comme il se doit en de telles circonstances, des généralités. Contrairement à ce que pourrait laisser penser la logique, explique Jean Huet de Paisy, la période n'est pas défavorable à la Bourse. Après la suspension due aux hostilités, le marché a bien repris. L'industrie est asphyxiée, privée de matières premières, ponctionnée par les prélèvements de l'occupant. Mais l'économie est en sur-liquidité : l'indemnité quotidienne versée à l'occupant allemand est dépensée en France. Ce qui entraîne, face à la chute de l'offre, une inflation galopante. Et le placement en actions paraît encore à beaucoup être le meilleur bouclier contre cette érosion accélérée.

Puis on parle d'avenir.

– Il me faudra un jour un successeur, lâche simplement l'agent de change.

Jean Huet de Paisy n'a que deux filles, et son premier gendre est inspecteur des Finances. Mais son jeune interlocuteur ne relève pas. Il n'a pas à relever. Il ne connaît pas la finance, et, surtout, il attend de l'entretien tout autre chose. L'attente ne dure pas davantage que ce qu'exigent les bonnes mœurs : l'agent de change accorde la main de sa fille au jeune ingénieur.

Le 20 mai 1943, en l'église Saint-Honoré-d'Eylau, Louis Baudouin épouse Roselyne, Juliette, Marie Huet de Paisy. Journée bénie, en cette période de misère nationale, pour le jeune couple. Louis et Roselyne ont tout reçu de la providence. L'un et l'autre ont eu une enfance dorée; ils sont beaux, élégants; et les deux familles se respectent d'autant plus qu'elles ont mesuré quelques semaines auparavant devant maître Destrem, notaire à Paris, leur fortune respective.

Grand mariage et, bien sûr, superbe réception donnée chez les parents de la mariée, avenue Jean-Chiappe, actuelle avenue Georges-Mandel. A cause de la guerre, contrairement à la coutume de la Compagnie, tous les agents de change de Paris ne sont pas présents. Mais la plupart sont là avec leurs enfants, amis d'enfance de Roselyne, et qui pour certains reprendront un jour l'office familial.

Destin tracé. En jaquette grise, chapeau haut de forme et gants blancs, tandis qu'amis et famille l'entourent et le félicitent, Louis Baudouin, à vingt-sept ans, ne soupçonne pas qu'il tourne la dernière page d'une phase entière de son existence. Comment pourrait-il pressentir que ce bonheur en tout point privilégié pourrait ne pas durer? Deviner que Roselyne et lui vivent alors des instants comme quelques années plus tard ils n'en retrouveront plus? Une coupe de champagne à la main, alors que depuis la terrasse de l'appartement de l'avenue Jean-Chiappe il contemple les lumières de Paris, il ne peut savoir qu'à quelques kilomètres de là, dans une banlieue dont le nom ne lui dirait rien, se cache une enfant de cinq ans, juive, pauvre, au caractère déjà bien trempé, qui deviendra un jour sa seconde épouse.

Non! Ce soir-là, bien sûr, Louis Baudouin ne peut entrevoir de telles pensées. Il ne saurait s'écarter de ce chemin sur lequel, depuis toujours, il marche. Tout, absolument tout lui sourit. Et le jeune marié sourirait complètement à la vie si Paris n'était pas sillonné sans cesse par des uniformes vert-de-gris. Le seul drame est collectif : celui de l'occupation. Mais en cette soirée de mai 1943, comme pour ne pas gâcher l'ivresse des jeunes mariés, quelques invités se plaisent, dans ce milieu pourtant largement légitimiste, à souligner que la récente campagne de Tunisie voit le retour de l'armée française, en l'occurrence celle d'Afrique, dans le conflit. Et que voilà une semaine à peine, le 12 mai, les forces italo-allemandes d'Afrique du Nord ont dû, au cap Bon, signer leur capitulation.

Le ménage s'installe dans le XVIe arrondissement, à proximité des parents Huet, rue Oswaldo-Cruz. Bonheur parfait. Moins d'un an après leur mariage, Roselyne donne à Louis une fille, Danièle. Bien sûr, l'occupation limite les divertissements des époux. Mais lorsque la guerre prend fin, Louis et Roselyne retrouvent peu à peu tous les plaisirs de la vie parisienne : théâtres, mondanités, réceptions. Avec d'autant plus de fièvre qu'ils étrennent là leur passion.

Les événements de la Libération viennent toucher l'ingénieur. En 1947, Gaz de France est nationalisé. Louis Baudouin se trouve inclus dans un vaste plan de licenciement. L'époque est difficile. Après les années du gouvernement provisoire, issu du Comité de libération nationale, puis le départ du général de Gaulle, et enfin l'échec du tripartisme, le parti communiste combat les tentatives des tenants de la Troisième Force par un vaste mouvement de grève générale et insurrectionnelle, téléguidée par Moscou et le Kominform, dans l'ensemble du pays. La production est désorganisée. Les plans d'embauche sont bloqués. Le jeune homme reçoit bien des propositions, mais celles-ci ne le satisfont pas vraiment.

Un soir de mai 1947, Louis Baudouin dîne avec son épouse chez ses beaux-parents. La conversation roule. Puis au cours de la soirée, très solennellement, l'agent de change propose à son gendre de venir travailler avec lui à la charge.

– Comme je ne pense pas encore à me retirer, vous aurez le temps d'apprendre le métier. Ensuite, vous pourrez me succéder.

Louis Baudouin réfléchira plusieurs semaines. La finance n'est pas sa vocation et il connaît peu de chose de la profession. Mais la charge de son beau-père est l'une des plus importantes de la place. L'examen d'agent, il le sait, est largement à sa portée. Enfin, à en juger par le train de vie de sa belle-famille, l'exploitation d'un office permet de vivre confortablement.

Surtout, les avis qu'il prend alors sont optimistes : le marché boursier parisien a de belles années devant lui. Certes, les nationalisations de 1945 ont privé la cote de quelques-unes de ses valeurs vedettes. Plusieurs banques, les compagnies de chemin de fer, le transport aérien, les producteurs de charbon, tous ces secteurs très prisés de l'épargnant viennent d'être perdus pour le marché. De plus, la situation sociale risque de rester tendue; et chacun sent bien que l'instabilité gouvernementale, la valse des ministères, va continuer au même rythme qu'avant la guerre. Et pourtant! L'impératif de la reconstruction, favorisée par le plan Marshall, stimule l'activité. Les observateurs parlent de décollage économique.

– Un ingénieur peut évidemment souhaiter y participer autrement; mais la Bourse permet de l'observer et de le vivre complètement, explique Jean Huet de Paisy.

Roselyne insiste pour voir son mari entrer en Bourse.

Sans doute craint-elle qu'un nouveau poste dans l'industrie oblige la famille à partir s'installer en province.

Louis Baudouin, à trente et un ans, saute le pas : il décide d'entrer dans la charge de son beau-père. Il a tout à apprendre du marché financier, mais la voie proposée est brillante : à condition de faire ses preuves, il est le successeur désigné, le prochain titulaire de la charge. Le principe ne le satisfait pas totalement et sans doute son orgueil en est-il quelque peu froissé. A tort. Il ne tardera pas à s'en apercevoir. Cette position d'héritier est, dans l'univers du Palais Brongniart, absolument classique.

Et quel univers ce Palais Brongniart!

– Dix mètres de haut, et un style vaguement corinthien, lui dit, en passant sous la galerie extérieure, Albert Houssaye, l'un des fondés de pouvoir de son beau-père qui lui sert de guide, ce lundi d'octobre 1947.

Derrière ces quatre-vingt-une colonnes, un désordre certain, sinon une véritable gabegie, paraît régner partout. Louis Baudouin est quelque peu submergé. Certes, les habitués sont tous sobrement vêtus et les conversations sont apparemment courtoises. Mais entre les cris des uns, les courses des autres, ces morceaux de papiers qui passent de main en main, « l'académie de la finance », comme les journaux de l'époque aiment à la nommer, ne ressemble à rien de connu.

Sur les deux côtés, dans ces ailes ajoutées au début du siècle à l'édifice initial, construit en 1806 par l'architecte Brongniart, s'agitent les « coulissiers ».

Ceux-là n'ont que depuis quelques années seulement accès à la prestigieuse enceinte. Depuis 1942 précisément. Date à laquelle, le gouvernement de Vichy, adepte des corporations, leur a accordé, en même temps que le droit d'entrer dans le temple, un statut défini, celui de courtiers en valeurs mobilières.

– Il y a aujourd'hui une quarantaine de coulissiers. Peut-être un peu plus. Vous savez bien ce que sont les coulissiers? interroge Houssaye.

– Assez bien...

Les agents méprisent ces concurrents. Les « coulissiers » cotent sur leur marché les titres des sociétés non admises au marché officiel, celui des agents de change. Depuis toujours, ce sont eux qui travaillent à découvrir des sociétés, à initier leurs dirigeants au mécanisme de l'épargne publique et à diffuser les actions auprès des porteurs. Longtemps illégaux, ils ont vu leur statut reconnu par un arrêt de la Cour de cassation en 1885. Tolérés, ils ont su depuis se rendre indispensables. Ces concurrents encombrants apportent les affaires aux agents.

– Quand ils le désirent, parce que l'activité sur le titre prend de l'importance ou que la notoriété de la société est installée, les agents « évoquent » la valeur, explique M. Houssaye.

– Évoquent la valeur?

– Oui, ils décident de la faire passer à leur cote et les coulissiers en sont dessaisis. C'est logique... Vous savez, jusqu'à la guerre, la dernière, la coulisse n'offrait aucune garantie. Il y avait de tout chez ces gens-là... D'ailleurs, ils n'avaient le droit de travailler qu'à l'extérieur de la Bourse. Sur les marches. C'est pour cette raison, vous avez déjà entendu cela dans la bouche de votre beau-père, qu'on les avait baptisés les « pieds humides » : parce que, lorsqu'il pleuvait, ils n'avaient pas d'endroit où s'abriter...

Louis Baudouin sourit. Il a aussi entendu parler de certaines belles sociétés traitées par les coulissiers,

Michelin par exemple, mais il ignorait les détails cocasses de cette concurrence interne.

Les deux hommes s'approchent du parquet. Sur chacun des quatre « groupes », les commis commencent à coter : « J'ai », « J'achète ». Louis Baudouin observe avec attention les gestes, main tendue ou doigts cassés, paume à l'extérieur ou à l'intérieur, qui accompagnent et valident ces échanges. Dans une semaine exactement, il montera à son tour sur l'un de ces « groupes ».

– Ce sera une première étape, lui a dit Huet de Paisy. Cela vous permettra de maîtriser tous les mécanismes et, aussi, d'avoir le temps de vous faire connaître et admettre.

L'ingénieur regarde un instant ses futurs confrères. Et les plaques noires qui, posées sur une espèce de gigantesque tableau, portent les noms des sociétés : Ribel, la Vache-qui-rit, Café Biard, Usines à tubes de Lorraine-Escaut et Vallourec réunies, Pneus Bergougnan, Moulins du Maghreb, Planteurs de Caïffa... La cote est le reflet d'une époque.

– Mais ce n'est pas vous qui coterez les plus belles valeurs.

Louis Baudouin le sait. Mais, respectueux des traditions, dans une maison qui les entretient, le fondé de pouvoir aime à souligner les principes fondamentaux du métier.

– Les grands titres sont traités par les agents.

Louis Baudouin se tourne vers la corbeille. Isolés quoique baignant dans le bruit, en costume sombre, chaussures noires et chemise blanche de rigueur, les agents semblent effectivement appartenir à un autre monde : plus lent, plus grave, plus élégant... Les poses sont nonchalantes, les airs volontiers affectés, les gestes soigneusement mesurés; les cotations à la corbeille sont plus calmes et plus solennelles.

Seuls les agents pénètrent sur le parquet : des gardes en uniforme assurent la liaison avec les collaborateurs des « patrons » et c'est sur une espèce de comptoir que fondés de pouvoir et commis apportent à ces « barreurs » d'ultimes ordres sur les valeurs, les plus importantes, que cotent les agents : de Wendel, Aquitaine, Citroën, Peugeot... entre autres.

– Une petite heure par jour, les agents se retrouvent là tous ensemble, reprend Houssaye. Si, pour une raison quelconque, l'un d'eux est absent, alors c'est un confrère, toujours le même, qui tient son carnet...

Le carnet d'ordres... Un carnet d'ordres, comme tous les commis, pense Louis Baudouin.

– En fait, les agents de change font exactement le même métier que leurs salariés, se risque le novice. Tout est dans la manière. La leur est très théâtrale...

Le fondé de pouvoir n'a pas relevé.

Autour de la corbeille, Louis Baudouin reconnaît certains des confrères de son beau-père. Pierre Bottmer, figure du marché parisien, futur syndic, qui deviendra son ami; Jean Boscher, entré dans la Compagnie quelques semaines avant la guerre; Georges Emery, le petits-fils du président Lebrun; Paul Cocteau, le frère du grand poète. Et aussi quelques héritiers des plus fameuses dynasties du métier : Hayaux du Tilly, Fauchier-Magnan, Cheuvreux...

Un instant, Louis Baudouin s'arrête sur son beau-père. Grand, le cheveu brun, celui-ci ne manque pas d'allure. Certes, pense-t-il encore, l'agent n'est là que pour exécuter les ordres. Mais au moins est-il parmi les seigneurs de l'arène.

Les regards des deux hommes se croisent. De la tête, Louis Baudouin salue. Jean Huet de Paisy, lui, reste impassible. Il ne répond pas : la corbeille ne voit rien, ne sait rien du monde qui l'entoure. Si chacun peut les observer et les entendre, les agents, eux, ne se mêlent pas. La frontière étanche est méticuleusement entretenue par les intéressés. Bientôt, une fois les ordres écoulés, « ces messieurs » s'éclipseront et iront déjeuner, tous ensemble, dans le restaurant qui leur est réservé.

– Allez, venez...

Houssaye tire le jeune homme par le bras.

– Je vous emmène au Cambrinus.

Le rendez-vous des professionnels se trouve rue du Quatre-Septembre, à deux pas de la Bourse. C'est là que, quotidiennement, grand nombre des fondés de pouvoir de charge viennent déjeuner.

Une fois la séance achevée, les deux hommes sont rapidement entourés. Et Houssaye présente son compagnon.

– Louis Baudouin. Monsieur est le gendre de M. Huet de Paisy.

– Vous venez travailler à la charge?

– Je commence la semaine prochaine. Je viens d'effectuer une visite d'initiation...

– Bien sûr...

Nul n'en parle mais chacun le sait. Rapidement, le jeune homme passera l'examen de fondé de pouvoir. Puis celui d'agent de change.

Une année durant, Louis Baudouin est ainsi commis de charge. Comme le veut alors la tradition du Palais Brongniart, il est, pour son premier jour de présence sur un « groupe », bizuté : les autres commis, en passant des transactions avec lui, lui ont donné les noms des charges pour lesquelles ils travaillent. De retour rue de Provence, Louis Baudouin a dépouillé. Puis, convoqué par son beau-père, il annonce les contreparties, c'est-à-dire les charges auxquelles il a acheté et vendu. Perplexité de l'agent : les noms annoncés sont ceux d'anciens confrères ayant cessé d'exercer depuis plusieurs années. Rien de grave : il suffit de placer en face de chacun d'entre eux celui du successeur, le nom du titulaire actuel. Un jeu d'enfant pour qui est dans le métier depuis quelques années. Le lendemain, Louis Baudouin est de nouveau sur le « groupe ».

– Rochoux d'Aubert, annonce-t-il clairement en exécutant ses ordres.

Les voisins sourient. Le nom est celui du prédécesseur de Huet de Paisy, Étienne René Rochoux d'Aubert, agent de 1925 à 1933. L'examen de passage est réussi.

L'apprentissage est finalement aisé. Le rythme des opérations est en réalité moins soutenu que Louis Baudouin ne l'avait cru au premier abord. L'ambiance est bon enfant. Chacun se connaît. Et grâce à un caractère enjoué, le nouvel arrivant ne tarde pas à faire oublier à ses compères de cotation qu'il n'est là que pour un temps. D'ailleurs nul ne se plaint vraiment. La Bourse est un monde, certes, très hiérarchisé, mais privilégié. Et surtout, plus ouvert qu'il n'y paraît. Sans aucun diplôme et même sans instruction, un commis efficace arrive à bien gagner sa vie. Et déjà certains d'entre eux commencent à jouer pour leur propre compte. Et à s'intéresser de près aux sociétés.

Commis en 1948, Louis Baudouin devient fondé de pouvoir l'année suivante. A trente-deux ans. Il ne se pose alors pas la question de savoir à quel moment il sera, à son tour, agent de change. Il vient de réussir l'entretien informel qui tient lieu d'examen pour devenir fondé, et jouit du temps présent.

Le marché est bon : la reconstruction proprement dite touche à sa fin et l'industrie redémarre vraiment.

Le pays entre dans une phase d'expansion sans précédent. Le début des années cinquante voit les découvertes par Esso des gisements de pétrole de Parentis et de Lacq. Une véritable folie saisit les épargnants qui font la queue tôt le matin pour souscrire aux titres émis par la société. La charge Oudart, qui cote la valeur, et dont le titulaire est l'un des caractères les plus marquants du parquet, voit alors son activité exploser. Elle n'est pas seule à profiter du redémarrage de l'activité industrielle : l'ensemble de la corporation tire profit de cette bonne santé. Mais le flux est très largement morcelé. A Paris, il y a encore, en 1950, 69 charges auxquelles il faut ajouter 54 courtiers en valeurs mobilières, ces coulissiers donc, qu'on ne trouve que dans la capitale. En province, ce sont, sur 7 places, pas moins de 64 charges qui se disputent les ordres!

Au début 1949, en même temps que Louis devient fondé, le ménage Baudouin a une seconde fille : Christine. Quatre ans plus tard, en 1953, naît un fils, Georges-Alain. La famille habite désormais un grand appartement avenue Kléber. Et Louis Baudouin se lie avec des hommes qui, comme lui, deviendront agents : Yves Flornoy, le futur syndic; Jacques François-Dufour, ami d'enfance de Roselyne, qui succédera à Pierre Bottmer; Jean-Carl Ollivier, qui deviendra l'un de ses proches; Guy de Maréschal de Luciane, figure excentrique du marché, nommé agent un an avant Baudouin. Dîners, réceptions : le couple Baudouin se lance dans le milieu, encore étroit, de la finance parisienne.

L'été, le jeune fondé de pouvoir accompagne sa famille près du Lavandou où les enfants passent leurs vacances. Il y reste généralement tout le mois de juillet. Nombre d'agents de change et de fondés possèdent ou louent alors des villas dans cette région du Sud-Est. On se retrouve entre gens du même monde : les enfants Baudouin sympathisent ainsi avec les enfants Flornoy et François-Dufour. Mais, avec Roselyne, le jeune ménage voyage aussi : Norvège, Angleterre, Suisse, Italie, Maroc...

Régulièrement, la famille se rend à Cembouing. Les parents Baudouin y sont de nouveau installés, et c'est toujours avec émotion, joie et nostalgie mêlées, que Louis retrouve la grande bâtisse et le parc de son enfance et qu'il voit courir ses enfants dans ces pièces et ces lieux où il a si longtemps joué lui-même. Louis en profite parfois pour aller chasser avec son père. Comme lui, il est un amoureux des jolies voitures. Pierre Baudouin roulait en Bugatti; son fils roule en Jaguar. Surtout, à l'heure où ils vieillissent, les parents Baudouin vouent une tendresse particulière à leur fils aîné. Tout comme à leur fille, Jacqueline, elle aussi mariée. Jean, le fils cadet, ne s'est jamais vraiment remis de la guerre. Il mourra quelques années plus tard, en 1962. Quelques mois passeront, puis Camille Baudouin, la mère, disparaîtra à son tour.

Mais en cette fin des années cinquante, la vie, pour Louis et Roselyne, continue de couler, facile, luxueuse, heureuse. Trop? Le jeune couple n'en a pas conscience. A son mari qui lui explique parfois avoir le sentiment de ne pas mériter tout ce bonheur, toutes ces facilités, Roselyne répond :

– On n'est jamais trop heureux!

Sans doute! Mais le bonheur peut aussi parfois être trop facile. Ou en tout cas, parce que facile, fragile.

L'agent s'épanche parfois avec des proches.

– Tu as tout : une belle situation, une jolie femme, des enfants réussis, dans quelque temps tu es agent de change. Regarde-moi, je n'en suis pas là...

Conversation classique entre deux hommes de bientôt quarante ans. Louis Baudouin écoute les arguments de son ami. Le fondé de pouvoir a invité cet ingénieur, rencontré, avant guerre, sur les bancs de l'École centrale de Lyon, à visiter la Bourse. Et l'ancien camarade est ébloui par le train de vie de son compagnon d'études.

– Toi, il te reste des choses à gagner, à conquérir, lui rétorque Louis Baudouin.

– Tu es incorrigible, Louis, comme tous les gens gais, tu traînes au fond de toi quelque chose d'effroyablement noir.

– C'est ce qui donne le goût du bonheur...

– Tu as tout! Qu'est-ce que tu veux de plus?

Les deux hommes ne se reverront que de longues années plus tard. Quand l'ami sera devenu le numéro 2 d'une des plus importantes sociétés françaises.

L'ami a raison. Le bonheur, l'argent, et le statut social... Alors qu'il approche de la maturité, dont il est souvent dit qu'elle est donnée à l'homme avec la quarantaine, Louis Baudouin compte parmi les fortes personnalités du marché parisien. Large, le front haut, la voix grave, il est une espèce de force de la nature, enjoué, gai, pratiquant avec gourmandise tant le bon mot que la formule assassine. Mais sans méchanceté. Gâté, il a gardé bon cœur. Bon vivant, amateur de cinéma, il est l'une des fourchettes les plus réputées de la profession. Mais il est aussi un sportif : tennis, golf, natation et marche à pied. Si elle n'était tempérée par un caractère simple, cette énergie torrentielle pourrait être dévastatrice. Mais le fondé Baudouin, dans cette Bourse où tout le monde se connaît, est un compagnon recherché.

L'heure est venue.

Dix ans. Depuis ce jour de 1947 où il avait proposé

à son gendre d'entrer dans la profession, l'agent de change n'avait plus abordé le sujet. Mais en cette soirée de novembre 1957, Jean Huet de Paisy a demandé à Louis de venir le rejoindre dans son bureau. A soixante-dix ans passés, l'agent de change a décidé de passer la main, de se retirer. Louis Baudouin s'est imposé dans la charge et aussi dans la profession.

– Il vous faut maintenant travailler l'examen, le réussir et je vous présenterai pour devenir mon successeur. J'en ai parlé au syndic, Pierre Sellier, il est d'accord; la Chambre syndicale soutiendra votre candidature. Préparez la prochaine session.

– Laissez-moi vous...

– Quant à moi, je me retirerai. Vous connaissez suffisamment les clients et suffisamment le marché pour diriger seul la charge.

Les deux hommes se serrent la main.

Louis Baudouin réfléchit jusque tard ce soir-là dans son bureau avant de rentrer avenue Kléber. Depuis dix ans qu'il est dans la profession, la Bourse a évolué favorablement : les gouvernements récents, préoccupés d'abord par les problèmes extérieurs, le dossier indochinois et l'affaire d'Algérie, ont laissé libre cours aux forces économiques. Le baby boom d'après-guerre, l'industrialisation favorisée par l'arrivée d'une population agricole peu qualifiée, donc bon marché, les débuts de la société de consommation et le taux d'épargne des Français sont autant d'éléments favorables. S'y ajoutent aujourd'hui les perspectives ouvertes par la signature, en mars 1957, du traité de Rome et la création du Marché commun.

Certes, une charge d'agent de change est loin d'être un outil performant. A cette époque les offices s'apparentent d'assez près à d'importantes études de notaire.

D'ailleurs, dans certaines familles, l'un hérite de l'étude tandis que l'autre reprend la charge. En cette fin de Quatrième République, personne n'a idée des maisons d'intermédiation, de gestion, de conseil et d'ingénierie financière que certaines charges, rares au demeurant, deviendront vingt-cinq ans plus tard. Nul n'entrevoit l'explosion des activités financières. Pour l'heure, s'il est respecté, le métier est peu diversifié.

Officier ministériel, nommé par le ministre de l'Économie, l'agent reçoit et exécute les ordres de la clientèle; il est intermédiaire. Commissionnaire agréé pour la bonne fin des opérations, habilité à faire des actes de commerce, prêtant serment devant le tribunal de commerce, il est aussi commerçant. Ainsi réunit-il sur sa tête deux qualités normalement incompatibles.

Elles le resteront. Mais les agents n'en ont alors pas conscience : car, paradoxalement, toute politique commerciale leur est traditionnellement interdite, et cela leur va très bien. Ils n'ont pas le droit de démarcher les ordres! Qu'à cela ne tienne! Les arguments de leur vie commerciale sont ceux de leur vie mondaine : chasse, golf, garden-parties, dîners en ville. Rien de choquant à cela : posséder un compte chez un agent de change est alors réservé à un cercle limité de privilégiés. « L'agent est à la banque ce que la haute couture est au prêt-à-porter », entend-on alors souvent.

Certes le métier a son cérémonial. Chaque jour, les confrères se retrouvent autour de la corbeille. Le rite ne manque pas d'allure, mais il est vite lassant : car en s'époumonant, l'agent se borne à exécuter des ordres, et à constater des volumes et des prix. Tout juste peut-il réussir à plus ou moins bien opérer : ne pas trop faire s'envoler le cours quand il a un gros ordre d'achat; et inversement, vendre sans trop faire chuter le titre quand un « paquet » est à céder.

Officiellement, l'agent n'a pas le droit de conseiller le client. Et il n'en a d'ailleurs que rarement l'opportunité : la communication des entreprises est peu développée et l'analyse financière n'existe alors pas.

L'agent ne fait en réalité que constater les cours.

L'après-midi, enfin, il établit le bilan des opérations de la séance.

A l'arrivée, rien de sorcier et rien de vraiment passionnant. Et si la situation est confortable, elle n'est pas exceptionnelle. A la fin des années cinquante, les 68 charges parisiennes réalisent un chiffre d'affaires moyen d'environ 1 million et demi de nouveaux francs. La conservation moyenne, c'est-à-dire les sommes déposées par les clients ne représentent pas 90 millions par charge. Quant aux grands investisseurs, ils s'efforcent de répartir équitablement leurs flux d'ordres, et donc leurs courtages, entre les différents agents. Sur ce terrain aussi la marge de manœuvre est faible, voire nulle.

Certes, la fiscalité est avantageuse, et les sociétés d'agents de change, souvent sous forme personnelle ou en nom collectif, permettent aux titulaires et aux familles actionnaires de vivre dans l'opulence. Mais c'est aussi en raison de fortunes familiales importantes que certains agents mènent grand train. D'ailleurs, au sein même de la Compagnie, les disparités sont importantes. Surtout, le métier est cyclique : les volumes varient et chaque famille entretient fiévreusement le souvenir de ce que furent les années de vache maigre de tel ou tel ancêtre ou prédécesseur.

La réputation des hommes de la corbeille est-elle pour autant usurpée? Il arrive souvent à Louis Baudouin de songer à certaines prouesses techniques ou de se passionner pour telle ou telle question de stratégie industrielle. L'ancien ingénieur regrette alors parfois de ne pas avoir suivi sa vocation première.

Las! Le prestige de la Compagnie est bien entretenu. L'agent de change restera longtemps l'archétype du professionnel compétent, à l'activité honorable, homme de principes et de confiance, détenteur d'un monopole justifié. Ce n'est que peu à peu, au fur et à mesure que le statut de commerçant prendra, dans leur esprit, le dessus sur celui d'officier ministériel, que se révéleront les vicissitudes d'une corporation plus affairiste, moins détachée, au total moins respectable qu'un sens du secret poussé à l'extrême l'avait longtemps laissé croire.

Mais alors que s'ouvre à lui la perspective de « monter » agent de change (telle est la formule, car l'agent de change « monte » au parquet), Louis Baudouin recense dans son esprit d'autres considérations. En 1957, on parle déjà de modifications dans l'organisation du marché boursier et de moyens nouveaux qui seraient donnés aux agents. La jeune génération de l'époque, dont Baudouin fait partie, s'en félicite.

Ainsi, à l'heure de succéder à son beau-père, Louis Baudouin, comme beaucoup de ses futurs confrères, est optimiste : depuis la dernière guerre ou presque, la Bourse se porte plutôt bien. Alors que la France vit les trente glorieuses, comment pourrait-il en aller, demain, autrement?

– Allô...

Louis reconnaît la voix de Pierre Bottmer. L'agent a cinquante-sept ans. Mais cet aîné est depuis dix ans le confident et l'ami du fondé de pouvoir.

– C'est Louis. Excusez-moi de vous déranger si tard. Je vous appelle parce que...

– Que se passe-t-il?...

– Écoutez, mon beau-père m'a annoncé tout à l'heure qu'il souhaite se retirer. Il faut que je prépare l'examen. Je le passerai à la session prochaine. Accepteriez-vous d'être mon parrain?

Lorsqu'il est accueilli dans la Compagnie, le nouvel agent est solennellement reçu par ses pairs. Et il a pour la cérémonie deux parrains.

– Bien sûr. Ce sera un grand plaisir pour moi. Je pourrais te dire de ne pas vendre la peau de l'ours avant de l'avoir tué. Mais je sais bien que tu es largement capable de réussir l'examen. Cela étant, prépare-le, travaille et, pour l'heure, n'en parle pas. Il sera suffisamment tôt le moment venu.

La règle n'est pas écrite. Mais de tradition, il est mal considéré de tenter plusieurs fois l'examen d'agent. Certains recalés, évidemment, persévèrent. Mais si après une première tentative l'impétrant échoue de nouveau, il est alors définitivement catalogué.

– Entendu, j'ai bien compris. Merci. Mais vous acceptez?

– Tu sais bien que j'accepte...

En regagnant sa voiture à la nuit tombée, Louis Baudouin marche d'un pas vif dans la rue de Provence. La Jaguar grise brille sous les réverbères. Machinalement, le fondé de pouvoir allume la radio. C'est l'époque des premiers flashs horaires d'actualité sur Europe n° 1. Ce soir-là, Félix Gaillard remplace Maurice Bourgès-Maunoury à la tête du Conseil des ministres. « La valeur n'attend pas le nombre des années. A trente-huit ans, le vingtième président du Conseil... » Le commentateur dresse le portrait du nouvel occupant de Matignon. « Président du Conseil à trente-huit ans, trois ans de moins que moi, c'est tout de même quelque chose... » songe Louis Baudouin.

L'année 1958 est une année de crise. Les événements d'Algérie secouent le pays. Après une décennie de marché haussier, l'indice de la Bourse perd 25 % entre novembre 1957 et mars 1958. Lorsque de Gaulle reprend le pouvoir, l'homme est bien accueilli par le Palais Brongniart. Celui-ci demande avant tout de la stabilité : la Bourse attend du revenant qu'il trouve une solution au drame algérien et qu'il change les structures politiques. Mais le milieu boursier est légitimiste et il n'apprécie guère la façon dont le général et les conjurés du 13 mai forcent le destin.

En fait, les professionnels n'attendent rien d'autre que le retour à la paix civile et ne manifestent guère d'enthousiasme, car l'expérience gaulliste se prolonge. Tous, certes, ne voient pas les événements d'un même œil. Mais il ne saurait être question de se diviser. La corbeille ne fait pas encore de politique. La Compagnie n'a pas d'état d'âme et les conversations y restent feutrées. Et bien que les milieux boursiers soient plutôt favorables au maintien de l'Algérie française, l'indice atteint, après les accords d'Évian d'avril 1962, son plus haut niveau historique.

Louis Baudouin, quant à lui, au moment de préparer l'examen d'agent est loin de tout cela. Il est des périodes dans la vie d'un homme où les événements collectifs, même d'importance, ne peuvent prendre le pas sur la marche d'un destin personnel. Le 13 mai 1958 est-il un coup d'État? Le fondé de pouvoir de la charge Huet de Paisy a bien son idée sur ce sujet. Il en parle. Mais qu'importe! Les agents de change, ses futurs confrères, se félicitent finalement de voir le marché repartir. Et il s'apprête à les rejoindre. Pas question d'échouer!

Le certificat d'aptitude aux fonctions d'agent de change est un examen d'un type particulier. Pour un fondé de pouvoir effectivement actif dans une charge, deux petites semaines de révisions suffisent à se doter des connaissances permettant d'avoir réponse à tout et matière à briller lors de la conversation mi-technique mi-mondaine que le candidat devra tenir, trois quarts d'heure environ, avec deux membres de la Compagnie. Une dissertation écrite sur un sujet d'ordre général permet aussi de juger l'esprit d'à-propos du postulant. Toutefois, le principal de l'épreuve, chacun le sait, n'est pas là.

– Ton dossier est impeccable, lui a dit Pierre Bottmer.

Du dossier, l'essentiel consiste en l'enquête que mènent pour le compte de la Chambre syndicale une, deux, voire trois personnes de la Compagnie ou de la Chambre sur le candidat. Une enquête de moralité. Copie conforme de l'usage en vigueur dans tout parti communiste. Milieu d'origine, fortune personnelle, épouse, belle-famille, enfants, croyances et convictions, vie privée et habitudes, sports et hobbies, diplômes et productions diverses (thèses, ouvrages, articles...), tout y passe de la vie du prétendant. Le maillage est serré. Et s'explique : la profession offre aux clients une garantie collective; il est dès lors admis que les agents qui sont solidaires financièrement les uns des autres – jusque sur leurs biens propres en théorie – se donnent les moyens de juger souverainement celui qui veut entrer dans la Compagnie.

C'est la même raison qui explique un autre aspect de l'épreuve : accompagné de son prédécesseur, le candidat rend visite, individuellement, à chacun des agents.

Louis Baudouin ne s'offusque pas de ces rites. S'ils font partie de la tradition, ils répondent aussi, paraît-il, à un besoin réel. Leur vie professionnelle durant, les agents se côtoient quotidiennement à la corbeille. Aussi désirent-ils connaître, jusque dans sa plus stricte intimité, celui dont ils vont décider, dans un vote secret, au moyen des fameuses boules blanches et noires (plus de cinq boules noires signifient un rejet de la candidature) s'ils l'accueillent parmi eux, le dépouillement étant effectué, très démocratiquement, par Monsieur le syndic, dans la solitude de son bureau fermé à double tour.

Louis Baudouin ne se fait guère d'inquiétude. A juste titre. En avril 1959, comme prévu, ses pairs acceptent de l'accueillir dans la Compagnie. Y a-t-il des oppositions? Le nombre de boules noires, en cas d'agrément, n'est pas communiqué.

L'arrêté de nomination du ministre de l'Économie, pris le 19 mai 1959, paraît au *Journal officiel* du 26. Trois lignes brèves et sèches, coincées entre un arrêté portant, déjà, « création d'une commission mixte des fréquences, ayant pour but d'examiner les projets d'assignation de nouvelles fréquences et de régler les problèmes d'interférence » et un autre portant nomination au « secrétariat général pour les affaires algériennes ».

Quant à la réception proprement dite, elle est fixée au 2 juin.

La cérémonie, Louis Baudouin le sait, ne manque pas d'allure. Et chacun est attaché au style très particulier de cette ultime phase de l'intronisation.

La veille, il a été reçu par la première chambre du tribunal de commerce de Paris. Tous les confrères étaient là. Et après qu'il a eu solennellement prêté serment, le juge a reçu à déjeuner l'ensemble de la corporation.

Ce matin, il a revêtu l'habit bleu nuit prêté par la Chambre. Cravate noire, une paire de gants beurre frais à la main, il a, avec son beau-père Jean Huet de Paisy, accueilli à la charge ses deux parrains. Pierre Bottmer, le parrain « de cœur », choisi par Louis Baudouin, et

Pierre-Henri Gamichon, le parrain désigné par la Chambre syndicale, sont venus ensemble. Même habit bleu nuit, même cravate noire, même gants beurre frais.

Il est 11 heures moins 5 quand les quatre hommes arrivent devant le Palais Brongniart. Les autres agents de change, au complet, sont déjà réunis, dans la salle des assemblées, au premier étage du Palais. Les hautes fenêtres de la pièce donnent sur la rue Notre-Dame-des-Victoires.

A 11 heures précises, l'huissier ouvre les battants de la double porte. Jean Huet de Paisy, le prédécesseur, entre le premier. Suivent ensuite, quatre pas en arrière, Louis Baudouin avec, à sa droite, Pierre Bottmer, et à sa gauche, Pierre Gamichon.

En arc de cercle, d'un côté de la pièce, se tiennent les 67 agents de change que compte alors la Compagnie de Paris. Tous immobiles et silencieux, à observer l'arrivant. Quelques pas en avant, détaché d'eux, le syndic, Pierre Sellier.

Louis Baudouin, plusieurs fois, a répété la scène... de caractère un tantinet maçonnique. Tandis que son beau-père s'arrête, il écarte alors lentement les bras du corps, sans aller jusqu'à l'horizontale. Ses deux parrains, en se déplaçant d'un pas, font de même. Et tandis que, de part et d'autre, l'homme touche les pouces de ses deux parrains, le curieux quatuor ainsi formé s'avance. Lentement. Très lentement.

Il doit, pour parcourir une vingtaine de mètres, marcher ainsi près d'une minute. Seuls grincent dans la pièce les pas des quatre hommes sur le parquet verni.

Parvenu à quelques mètres du syndic, Huet de Paisy s'efface. Il est celui qui se retire aujourd'hui et il vient donc se placer sur le côté, isolé tant de ses confrères qu'il quitte que du trio où se trouve son successeur.

Les bras retombés, comme au garde-à-vous, ses trois

suiveurs font désormais face au syndic. Celui-ci peut commencer son discours.

Pierre Sellier est grand, élégant, la mèche longue et la voix quelque peu théâtrale. Il est bon orateur, ce qui ne fut pas toujours le cas parmi les syndics de la Compagnie.

« Bien vous en a pris, monsieur, de vous ménager parmi nous tant de sympathies : nous aurions peine, sans cela, à combattre notre mélancolie en voyant s'effacer aujourd'hui, pour vous faire place, notre confrère Huet de Paisy.

« Pour lui, comme pour vous-même, la Bourse n'est qu'une seconde carrière.

« Il y est arrivé voici trente-cinq ans, venant de l'armée, selon une tradition familiale et tout couvert de gloire militaire. Le jeune saint-cyrien avait affronté en sortant de l'école l'épreuve de la guerre où se mesure la valeur authentique des hommes. Trois fois blessé, cinq fois cité, capitaine aux chasseurs avant d'atteindre ses vingt-quatre ans, il s'en fut encore batailler au Maroc. Puis ce fut l'adieu aux armes car les armes retombaient au repos et, pour Paisy, un total changement de front vers la finance et très vite la Bourse... »

Plusieurs minutes durant, la carrière du sortant est ainsi retracée. Le superlatif est de rigueur, comme pour accueillir le successeur.

« Vous, monsieur, vous êtes un scientifique : plus précisément un mathématicien, un électrotechnicien et un ingénieur. Je n'ai pas à vous apprendre que ces hautes et rigoureuses disciplines sont déjà dignement représentées parmi vos nouveaux confrères, et que vous serez, sans dépaysement, en fort bonne compagnie. Vous êtes capitaine de réserve, après avoir fait tout votre devoir durant une guerre dont les épisodes furent amers avant d'être glorieux... »

Louis Baudouin écoute. Recueilli. Il échange un regard avec Roger Desaché, son ami, devenu agent quelques semaines auparavant.

Pierre Sellier continue : « La place de Paris a maintenant vocation de redevenir un grand marché de capitaux et tout porte à croire que nous aurons à faire face à des problèmes d'expansion. Perspectives qui justifient l'option que vous avez exercée en faveur de notre profession. Je pense que vous aurez à vous en féliciter et j'ai pleine confiance que notre compagnie s'en félicitera.

« Je vous invite à prendre place parmi vos nouveaux confrères en priant notre secrétaire général d'inscrire votre nom sur le tableau des membres de notre compagnie. »

Louis Baudouin rejoint ses confrères. On se congratule. Et comme de tradition, le nouvel agent, ainsi que ses deux parrains offrent un cocktail à l'ensemble de la Compagnie.

Quelques pas seulement séparent la salle des Assemblées du restaurant.

L'heure est à la détente.

– Bobott, ce sera Loulou!

C'est Georges Hamant qui décrète ainsi quel sera, dans la Compagnie, le surnom du dernier arrivé. Entre les agents qui s'entendent bien, la pratique est de rigueur. Pierre Bottmer est très simplement appelé « Bobott »; Georges Hamant est baptisé « le Carré de l'Est » car ce gabarit hors du commun est originaire de Lorraine. Presque tous les agents ont ainsi leur sobriquet.

Il est midi et demi. Accompagné de ses nouveaux confrères, « Loulou » descend au rez-de-chaussée du Palais. Au vestiaire, il troque l'habit bleu pour le noir, celui de la corbeille. Et pour la première fois, il monte sur le parquet. Traditionnellement, le nouvel agent passe sa première séance entre ses deux parrains.

Autour, il n'entend plus rien. Le brouhaha des cotations voisines est indistinct. Les visages qui passent et repassent à quelques mètres seulement sont comme inconnus. Le Palais Brongniart se réduit soudainement à ceux qui se tiennent là, au cœur du temple. Et il en est. Premières cotations, premiers cours. Louis Baudouin ne se détend pas vraiment. En ce jour de juin le soleil, au travers de la verrière du Palais, fait scintiller les lattes du parquet. Il lui semble parfois que la bordure rouge de la corbeille s'y reflète.

3.

Du ghetto à la Bourse

Le moteur de la petite Fiat 500 rouge fume sous le capot arrière. La jeune conductrice, brune, grande, est inquiète. Elle s'agite à côté du véhicule. La circulation est dense en ce milieu de matinée dans cette partie de la rue Réaumur. Au croisement avec la rue Montmartre, à la hauteur des NMPP, les Nouvelles Messageries de la presse parisienne, l'embouteillage se forme.

– Que se passe-t-il? Vous voulez un coup de main?

Par la vitre de sa voiture, le conducteur s'adresse à la jeune femme.

Celle-ci se retourne, découvre une puissante Jaguar grise, et pose les yeux sur le conducteur. Le regard est noir, à la fois agressif et tendre, chaud et violent.

– Si vous voulez m'aider un peu...

La moue se fait souriante.

– Je veux bien essayer!

L'homme gare sa voiture devant la petite Fiat de la jeune femme. Il sort et se penche sur le moteur récalcitrant.

– Visiblement, il y a quelque chose d'anormal. Sans doute une fuite... Il vous faut un dépanneur.

– Vraiment, ces petites voitures, je ne devrais pas rouler là-dedans, rage la conductrice en donnant un coup de pied dans un pneu du véhicule.

Des deux mains, elle recoiffe ses longs cheveux en arrière. Et sourit avec insistance.

Elle est jeune. A peine plus de vingt ans sans doute. Fardée. La voix passe successivement de tons graves et durs à des expressions franchement suaves.

– Bon, il me reste à appeler un dépanneur. Vous m'offrez un café?

– J'allais vous le proposer.

– Alors c'est parfait...

Ils rentrent au Réaumur. La terrasse donne sur la Bourse. Ils s'installent autour d'une petite table.

– Vous pouvez appeler un dépanneur? demande l'homme au garçon de salle. Pour la voiture, là, en double file...

Il se tourne vers la jeune femme.

– Où alliez-vous, à cette heure-ci? Vous travaillez dans le quartier?

– J'allais voir mes parents et mon frère. Je ne travaille pas vraiment dans le quartier, non.

– Et que faites-vous dans la vie?

– Oh, différentes choses... Et vous? Vous avez une jolie voiture en tout cas.

– Moi, je travaille là.

Il a désigné la Bourse.

– C'est pas vrai? Vous êtes...

– Je suis agent de change.

– Agent de change! Ça alors! Mais vous êtes jeune, vous, pour être agent!

– Je ne le suis pas depuis très longtemps. Quatre mois!

Il avale son café.

– Tenez, voilà votre dépanneuse!

Une camionnette Peugeot 403 s'arrête à côté de la

Jaguar. L'homme qui en descend rentre dans le café. Accompagné du garçon, il s'approche de la table.

– C'est laquelle qui est en panne? La Jag ou la petite caisse à savon?

– La Fiat.

– Vaut mieux! Parce que l'autre, j'aurais pas pu la tirer. Et qu'est-ce qu'elle a?

– C'est simple, elle prend feu! répond la jeune femme.

– Oui, enfin... le moteur fume, dit l'homme.

– En tout cas, elle ne démarre plus, elle ne veut plus rien entendre.

– Bon, eh bien, je vous l'emmène. Où voulez-vous que je la dépose?

– Dans un garage près de l'Étoile, ça serait très bien.

– Entendu.

Le groupe sort sur le trottoir.

– Voulez-vous que je vous conduise quelque part?

– Avec plaisir. J'allais vers le Sentier.

– Je vous laisse à une station de taxis. Je vais à ma charge.

– Où est-elle?

– Rue de Provence. Pas loin.

La jeune femme s'installe dans la Jaguar. Elle pose sa tête sur le dossier de cuir. Et caresse le tableau de bord en acajou.

Elle regarde le conducteur. Il est jeune, élégant, distingué. Et visiblement aisé.

La voiture démarre.

– A quoi pensez-vous? interroge-t-elle.

– Je me disais que ce pourrait être bien de se revoir. Si vous le souhaitez!

– Je ne suis pas contre.

Quelques minutes plus tard, Louis Baudouin note le numéro de téléphone de la jeune femme.

– Et vous vous appelez?

– Jacqueline Mitnik. Mes parents sont d'origine russe...

– A bientôt.

Il est presque midi, ce mardi de septembre 1959. Louis Baudouin rentre à sa charge. Il en ressort quelques instants plus tard pour se rendre à la séance.

La jeune fille, elle, s'est engouffrée dans un taxi. Comme elle le fait alors plusieurs fois par semaine, Jacqueline Mitnik se rend au 21 de la rue du Grand-Prieuré, entre l'avenue de la République et le boulevard Voltaire. Dans le minuscule appartement de son adolescence, elle retrouve là ses parents et son frère. A vingt-deux ans, bien qu'elle les ait quittés depuis quelques années déjà, elle visite régulièrement les siens. Elle les aide, les soutient et les écoute. En montant le petit escalier, Jacqueline sait d'avance ce que sera la conversation : la déportation, l'arrière-grand-père Iossel, c'est-à-dire Joseph, les plaines d'Ukraine et, surtout, les images des faubourgs d'Odessa.

Tout au long du XIXe siècle, les Mitnikov sont une famille de marchands dans la région d'Odessa. C'est en 1796, sous Catherine II, que la décision a été prise de créer la ville sur le site de l'ancien port grec d'Odessos. Six ans plus tard, en 1802, la cité est déclarée port franc. Située entre le Dniestr et le Dniepr, sur une mer chaude, praticable toute l'année et ayant accès à la Méditerranée, Odessa devient le principal port de commerce de l'Empire russe. Elle offre un débouché naturel aux produits de sa région, la riche et fertile Ukraine.

Surtout, cité commerciale, Odessa est ouverte à toutes les communautés. Car elle fait partie de la « zone ».

La situation des Juifs de l'Empire russe est en effet simple : aisés, c'est-à-dire à même de s'acquitter des impôts qui frappent notamment les marchands, ils peuvent résider librement dans l'ensemble du pays. C'est alors le cas d'environ 200 000 d'entre eux. Les marchands dits de première catégorie, les diplômés de l'Université, les médecins et les militaires ayant accompli vingt-cinq années de service habitent ainsi dans les villes-phares de l'Empire : Saint-Pétersbourg, Moscou, Kiev...

Les autres, près de 5 millions, se voient interdire de quitter une large bande de terre qui, à l'ouest, s'étend entre la Baltique et la mer Noire. La « zone » recouvre les pays baltes, la Pologne, alors sous occupation russe, la Bessarabie, la Moldavie et enfin l'Ukraine. David Mitnik, peu avant le milieu du siècle, s'installe dans le port de la mer Noire.

A partir de 1850, la police tsariste utilise les pogroms comme dérivatif à l'agitation révolutionnaire croissante. Après l'assassinat en 1881 d'Alexandre II, le « tsar libéral », le bruit est répandu que ce sont des Juifs qui ont abattu le « libérateur des moujiks ». Les pogroms, notamment dans la région d'Odessa, se multiplient. La ville, devenue site industriel de premier plan, est aussi un centre de bouillonnement révolutionnaire actif.

1903 : les massacres de Kichinev et d'Odessa font plusieurs centaines de morts. Deux ans plus tard, les révoltes paysannes et les grèves ouvrières se multiplient. Après la répression du Palais d'Hiver de Saint-Pétersbourg, et le fameux épisode du cuirassé *Potemkine*, le port d'Odessa est soumis, comme d'autres villes de la « zone », à une répression systématique.

C'est en septembre de cette année-là que David Mitnik, alors marchand à Odessa, et sa femme Esther quittent la Russie pour gagner la France. Leur fils, Joseph, a quelques mois à peine. A vingt-sept ans, David ne parle pas un mot de français. Arrivé à Paris, le couple de réfugiés se fait d'abord prêter une pièce rue Quincampoix, puis un petit appartement rue de Saintonge, au n° 13. David, s'installe alors comme tailleur.

En 1906, le couple a un second fils, Samuel. Autant l'aîné, Joseph, est calme et studieux, autant le second est turbulent. Très jeune, Samuel s'engagera dans les fameux « Bat d'Af », les bataillons d'Afrique, et partira faire la guerre du Rif.

Joseph, lui, épouse en 1928 Clara Goutenmacher. Elle a dix-huit ans et sa famille, également d'Odessa, a elle aussi fui l'Ukraine en 1905.

Dans le Paris de l'entre-deux-guerres le couple vit difficilement : sur les registres de l'époque du IIIe arrondissement de Paris, on trouve Joseph Mitnik inscrit comme tourneur sur bronze. Mais l'affaire qu'il a créée périclite. Il entre alors comme tourneur chez Renault au début des années trente ; il est ouvrier dans la confection lorsque le 1er janvier 1937, quatre ans après un fils, Clara lui donne un deuxième enfant, simplement prénommée Jacqueline.

Les premières images d'enfance de la petite fille sont celles de l'occupation. A l'armistice, Joseph Mitnik emmène les siens dans la banlieue parisienne, à la limite de Gargan et de Pavillon-sous-Bois. Là, l'un de ses beaux-frères Goutenmacher possède une maison et toute la tribu y est réunie. Clara Mitnik a cinq frères et deux sœurs. Le quartier, légèrement détaché du reste de la ville, borde le canal de l'Ourcq : la rue, composée de maisons modestes entourées de jardins clos, est presque entièrement habitée par des Juifs. Les Goutenmacher-Mitnik échapperont aux rafles : lorsque obligation est faite aux Juifs de France de se déclarer à la mairie, la grand-mère Goutenmacher interdit aux siens de bouger. Shiffrey Goutenmacher a, seule avec ses enfants, traversé l'Europe pour venir rejoindre son mari à Paris.

– Je n'ai pas fait cela pour venir me livrer ici, dit-elle.

Surtout, elle laisse partir deux de ses fils – qui n'ont jamais été déclarés comme israélites – pour le travail obligatoire en Allemagne. Bien lui en prend : à la fin de la guerre, la maison Goutenmacher est l'une des deux seules de la rue à être encore habitée. Au contraire, David, le grand-père Mitnik, et son fils Samuel, l'oncle de Jacqueline, déportés, ne reviendront pas des camps.

Jacqueline Mitnik, son frère et ses cousins passent ainsi près de quatre années à vivre, tout le temps ou presque, cachés dans la maison : ils ne sortent que quelques instants le matin et en fin d'après-midi. Le bruit est interdit, les jeux sont limités, les repas sont frugaux. Les enfants ne vont bien sûr pas en classe, mais l'une des tantes leur apprend à lire et à écrire.

Une nuit, les deux frères Goutenmacher tapent à la porte. Ils ont réussi à fuir l'Allemagne et le STO, le service du travail obligatoire. Ils ne restent là que quelques heures, car les enfants ne doivent pas être mis au courant. Les deux évadés savent où aller se cacher : des gens de Toulouse, les Imbert, sont prêts à les accueillir. La liaison est établie. Ils ont connu en Allemagne un membre de cette famille du sud de la France qui leur parlait sans cesse de son petit cousin, Jacques. Un contact doit, dès l'aube, les conduire à une gare sûre.

C'est au mois de septembre 1944, à sept ans, que Jacqueline Mitnik entre en classe pour la première fois. La famille est revenue dans le IIIe arrondissement de Paris. La petite fille va à l'école communale de l'arrondissement.

On se fixe finalement près de la République : deux petites pièces sur cour dans la rue du Grand-Prieuré. Le soir, Jacqueline et son frère tirent leur lit dans la salle commune. Les repas sont rarement copieux. L'argent manque toujours ou presque. La tendresse n'est guère plus abondante. Après quatre années d'enfance passées à se cacher dans un pavillon de banlieue, Jacqueline vit une adolescence pour le moins austère.

Un jour d'été du début des années cinquante, les cinq fils Goutenmacher organisent une fête où ils réunissent tous ceux qui les ont aidés à sauver leur vie pendant la guerre. Les parents Imbert sont là, avec leurs enfants : une fille et un fils. C'est à cette occasion que Jacqueline rencontre Jacques.

A vingt ans environ, celui qui deviendra quelques décennies plus tard le plus puissant parrain du milieu français n'en est encore qu'à ses débuts. Il est « parisien » depuis encore peu de temps.

Après s'être violemment battu à la sortie d'un bar, dans le sud de la France, il a déjà fait, pour coups et blessures, plusieurs mois de prison. Encore mineur, il a été incarcéré à Montpellier avec des truands de haut vol. Là, pendant plus de deux ans, il a contracté des règles de vie qui sont celles du milieu « Vous ne savez pas le mal que vous avez fait », dira sa mère au juge.

A sa sortie, Jacques Imbert part pour l'Algérie. A Oran, il signe un engagement de quatre ans au 15e régiment des tirailleurs sénégalais. Un an plus tard, il est réformé. Motif : « Caractère incompatible avec les règlements militaires. »

Changement de décor : le jeune insoumis « monte » à Paris. Il n'a rien, ni argent ni relation; il n'est personne. Mais tout va aller très vite : bientôt, il devient l'un des principaux animateurs de la célèbre bande des « Trois Canards », à Pigalle, où se formeront dans les années cinquante plusieurs des caïds du milieu français. Pour leurs débuts, les « jeunots » des « Trois Canards », dont certains deviendront célèbres avant de voir leur nom inscrit sur des pierres de cimetières, n'en sont alors qu'à racketter méthodiquement les proxénètes de Pigalle. La « cave » de l'établissement de la rue de La Rochefoucauld qui va devenir une officine spécialisée en carambouilles diverses, fausses factures, traites de cavalerie, escroqueries immobilières, commence, dans le Paris nocturne, à devenir célèbre. On y croise Georges Figon, Georges Boucheseiche, Pierre Dubail, Julien Le Ny, François Marcantoni, Paolo Lari, François Anastossios, Charly Lacorz, les frères Perret. C'est là notamment que se retrouvent les futurs exécutants de l'enlèvement, en 1965, de Ben Barka.

Mais ce soir de fête où les frères Goutenmacher, qui sont devenus des commerçants relativement aisés, remercient ceux auxquels ils doivent la vie, Jacques et Jacqueline discutent longuement ensemble. Même caractère difficile, même ambition forcenée et même froide détermination. Les deux jeunes gens se reconnaissent. Lui est une force de la nature; elle se sait déjà jolie. La confiance naît. Elle ne sera jamais trahie. Ils se reverront de façon irrégulière, mais toute leur vie durant, le contact établi ce soir-là ne sera jamais rompu.

Jacqueline va à l'école jusqu'à ce qu'elle atteigne l'âge légal de fin de scolarité obligatoire. A seize ans, elle quitte l'appartement familial de la rue du Grand-Prieuré. Sa première adresse indépendante n'est pas loin : rue de Bretagne, à quelques mètres de la rue de Turenne. Tailleurs, tanneurs, confection : le Sentier est alors le quartier juif de Paris. Jacqueline devient mannequin et participe à plusieurs défilés organisés par des fabricants du quartier.

En 1956, à dix-huit ans, bien que « n'ayant pas sa majorité », elle épouse un industriel très aisé. Il est l'un des premiers à importer et diffuser en France et en Europe le moltoprène, une mousse de plastique alors utilisée de plus en plus systématiquement pour la fabrication de sièges d'automobiles.

Sur la photo de mariage, à côté d'un grand bouquet, dans une robe blanche, Jacqueline, les cheveux noirs mi-longs, pose, souriante, au bras de son mari. Celui-ci est sensiblement plus âgé qu'elle : il a alors près de quarante-cinq ans. Il se marie sur le tard. Grand, brun, carré, le regard dur, l'époux paraît grave mais heureux. Jacqueline, elle, fait presque jeune femme soumise. Les visages sont concentrés comme il se doit sur les photos de mariage prises en studios professionnels.

Cette première union ne durera pas. L'industriel s'est marié pour avoir des enfants. Jacqueline, elle, n'en veut pas. Après deux années passées dans un très bel appartement de la rue de Sèze, à côté de la Madeleine, les deux époux se séparent. Le divorce est prononcé peu de temps après.

Jacqueline se retrouve avec un peu d'argent. La jeune femme s'installe alors boulevard Exelmans, dans le XVIe arrondissement. Redevenue mannequin, elle appartient à un groupe d'amis qui se réunit régulièrement dans le même café du Trocadéro. Quelques mois plus tard, elle déménage et s'installe près de l'Étoile. Plusieurs fois par semaine, pour aller voir sa mère, elle traverse Paris dans sa petite Fiat 500. Un jour, la petite voiture tombe en panne...

En cette journée de septembre 1959, Louis Baudouin ignore évidemment tout de cette jeune femme dont, depuis son bureau de la rue de Provence, il compose le numéro de téléphone noté sur un papier quelques jours seulement auparavant.

Trois sonneries.

– Allô...

L'agent et le mannequin discutent longtemps ce jour-là.

– Et quand je vous appelle, d'où est-ce que vous décrochez?

– D'un studio, avenue Foch.

Depuis quelques années déjà, le ménage Baudouin s'est distendu. Respectivement, chacun des deux époux a peu à peu pris son indépendance...

Jusqu'à ce que Louis Baudouin demande à être reçu par le syndic. La Compagnie est un petit univers au sein duquel tout se sait, et Pierre Sellier connaît d'avance l'objet de l'entrevue. Comme il est alors de tradition, Baudouin vient informer le « primus inter pares » de son intention de divorcer. Il est le premier agent, depuis la guerre, à se séparer de sa femme. Et la Chambre syndicale n'apprécie évidemment pas ce genre d'initiative.

« La Compagnie n'accepte pas que les liens du mariage soient rompus » : dans les années trente, le syndic Jacob, sur ce point notamment, ne fléchissait pas. Au nom des intérêts supérieurs de la corbeille, cet homme sec et rigoureux avait empêché plusieurs divorces.

Trente-cinq ans plus tard, la règle s'est assouplie à la mesure de l'évolution des mœurs. Baudouin ne vient pas formellement demander une autorisation. Mais sa situation personnelle changeant, l'agent se doit de tenir au courant celui qui, pour ses pairs, reste le patron.

Dans le bureau du syndic, au second étage de l'immeuble de la place de la Bourse, la discussion est serrée.

– Chaque coup porté à la respectabilité de l'un d'entre

nous est un coup porté à la profession, explique le syndic. Et la charge te vient de ton beau-père...

Qu'importe! Roselyne et Louis en sont convenus : ils divorcent en mai 1963. Ce faisant, le ménage Baudouin crée un précédent dans la corporation. D'autres, bientôt, imiteront « Loulou ». C'est ainsi qu'au début des années 1980, Éric de Lavandeyra sera autorisé à se remarier avec la chanteuse Marie Laforêt. Et qu'un autre pourra entretenir trois ex-épouses dans la même île du Pacifique... tout en partageant sa vie parisienne avec une quatrième femme, légitime.

Quelque temps plus tard, Roselyne Baudouin se remarie. Louis Baudouin s'installe, lui, à Neuilly, boulevard Victor-Hugo.

Il est alors l'un des agents de change en vue de la place parisienne. Avec près de 200 millions de francs en dépôt, la charge Baudouin peut se vanter d'avoir parmi les plus grosses conservations de la profession. Dans la foulée de sa prise de fonctions, Louis Baudouin a été l'un des premiers à lancer une informatisation de son office. En 1961, en même temps que la Chambre syndicale, la charge de la rue de Provence est parmi les trois premières de la place parisienne à changer les vieilles machines électro-comptables du lendemain de la guerre, en fonction dans presque toutes les maisons, pour les premiers ordinateurs de la Compagnie. Si la Bourse n'était pas sa vocation initiale, Louis Baudouin est cependant décidé à exercer pleinement son métier. Jeune patron, il est alors rangé parmi les « modernistes » de l'époque.

Avec la décennie soixante, tout change. Débute alors pour la profession une période de réformes et de bouleversements qui ira sans cesse en s'intensifiant. Pour les anciens, cette modernisation, d'abord douce, puis accélérée, presque toujours dictée sinon imposée par les autorités de tutelle, est une plaie qui s'ouvre et qui ne cessera de se creuser.

Simultanément, l'activité de la Bourse, elle, commence à fléchir. Pour tous, mais d'abord pour les hommes arrivés sur le marché au lendemain de la guerre, cette baisse des cours et des volumes qui débute au printemps 1962 est une immense déconvenue. Les chiffres d'affaires vont diminuer, certains offices vont devenir exsangues, d'autres seront obligés de fusionner, de fermer et même de se vendre.

19 mai 1961 : ce jour-là, Pierre Sellier, le syndic, reçoit à dîner l'ensemble des agents et leurs épouses. La date est inhabituelle! Traditionnellement, la soirée annuelle de la profession a lieu fin janvier. Réunis à la salle des assemblées, traités par le chef de cuisine du restaurant de la Tour d'Argent qui se déplace pour l'occasion, la Compagnie, agents et épouses, fête l'élection ou la réélection du syndic et de la Chambre syndicale, le scrutin se tenant le troisième lundi de décembre.

– Mesdames, messieurs, c'est la dernière fois que nous nous retrouvons entre nous!

Le ton est grave. Pierre Sellier n'a pas, ce soir, l'esprit léger. Chacun retient son souffle.

– Le premier ministre, Michel Debré, vient de décider la fusion des professions d'agent de change et de courtier en valeurs mobilières.

Stupeur et brouhaha dans la salle. Quelques agents se lèvent et protestent.

– La réforme, reprend Pierre Sellier, a été préparée dans le plus grand secret. Je n'ai été consulté que voici quelques semaines. Mais rassurez-vous : Jean Soulié, le président du syndicat des courtiers en valeurs, a été mis au courant voici quelques jours seulement. Le texte de loi sera bientôt présenté à l'Assemblée. Voici, si vous le voulez bien, en quoi il consiste.

L'assistance, peu à peu, se fait silencieuse.

– Premier point : la profession de courtier en valeurs disparaît. Mais 13 des 47 « coulissiers » que nous connaissons se voient autorisés à créer des offices d'agents de change. Pour les autres, il est prévu que nous rachetions leurs clientèles. Ils pourront aussi s'associer à l'un d'entre nous : sans être pour autant agents de change, ils deviendront cogérants de charges.

– C'est un affront!

Plusieurs anciens protestent de nouveau. Certains s'énervent carrément.

Le dîner, ce soir-là, n'est pas des plus détendus. Si certains se réjouissent de la disparition de la « coulisse », l'inquiétude perce aussi. Car figurent parmi les coulissiers, dont le métier, moins renommé certes, est plus dur et plus exigeant que celui des officiers ministériels, des personnalités qui, pour ne pas être de l'univers des agents, n'en sont pas moins de redoutables hommes d'affaires. Les frères Pierre et Georges Ferri (le premier, ex-ministre des PTT, est alors encore député de la Seine), Yves Parent, Jean Soulié, entre autres, sont à la tête de sociétés solides, dynamiques et ambitieuses.

Le coup est dur et la fracture sera profonde. Longtemps, les agents « d'avant » continueront, imperceptiblement pour le non-initié, à tenir les ex-coulissiers à distance. Si la Compagnie est une, elle a cependant ses coteries. Celles-ci sont soigneusement entretenues. Au restaurant des agents de change, « là où tout se passe », comme dit l'un d'entre eux, les « ex-coulissiers » se verront, *de facto,* affecter une table. Plusieurs années durant, ils ne se mêleront pas à leurs nouveaux confrères. Ou en tout cas pas vraiment.

Jusqu'au début des années quatre-vingts, les cogérants seront, eux, tout simplement interdits de « popote » : lorsqu'ils y seront admis, encore la plupart d'entre eux déjeuneront-ils debout, au bar, sans avoir ni sans prendre le droit de s'asseoir. En 1984, Alain Ferri deviendra premier adjoint. Mais nombreux seront encore ceux à considérer qu'un fils de coulissier ne peut valablement postuler au poste de syndic.

L'admission des coulissiers n'est pas la seule innovation de l'année 1962. Quelques mois plus tard, le gouvernement Debré décrète le principe de l'unicité de cotation des valeurs.

Dorénavant, au lieu d'être traité sur n'importe laquelle des 8 Bourses françaises (celle de Paris et les 7 de province), un titre, action de société, ou obligation, doit être inscrit à une même et unique cote. La vérité des prix comme la transparence des transactions s'en trouvent ainsi améliorées.

Paris, qui, sur les titres à cotation multiple, concentre déjà 80 % environ des ordres, tire évidemment les marrons du feu. La nouvelle est bien accueillie par les agents de la capitale. Les compagnies régionales, au contraire, crient au vol. Qu'importe! Les hommes du Palais Brongniart ont toujours cordialement méprisé leurs confrères de province, sensiblement plus modestes! Et la Compagnie parisienne a toujours tenu pour quantités négligeables ses homologues des « petites bourses ».

Les réformes de 1962 auront une lourde incidence économique. En province, les charges sont gravement touchées. Très vite, les Bourses de Marseille, Toulouse et Bordeaux, qui, contrairement à Lyon, n'ont pas de tissu industriel solide pour les approvisionner en sociétés, voient leur activité chuter. A Paris, la clientèle des coulissiers est certes à prendre. Mais le nombre de charges parisiennes passe, début 1962, de 68 à 86. La concurrence s'accentue.

Dans l'optimisme. Car tout le monde se félicite de la stabilité politique retrouvée : l'indépendance de l'Algérie met un point final à plusieurs années de crise. Le 20 mars 1962, le lendemain des accords d'Évian, l'indice est à 9 050 points. En douze années de hausse quasi ininterrompue, il a décuplé. En pouvoir d'achat, un capital investi en 1950 se trouve multiplié par six en 1962. Dans le même temps, la production industrielle n'a fait que doubler. Rares sont ceux alors à penser que la tendance puisse s'inverser.

Et pourtant! Loin de soutenir le marché, la solution définitive du problème algérien marque le début d'un long tunnel pour la Bourse de Paris.

« La Bourse a trop monté. »

En cette journée d'avril 1962, l'homme qui parle ainsi n'est pas n'importe qui. Il s'exprime, pour l'une de ses premières interventions publiques, à la Chambre des députés. Georges Pompidou vient, dix jours auparavant, de remplacer Michel Debré à l'hôtel Matignon. Ce banquier normalien, homme de confiance de la maison Rothschild, a été bien accueilli par les milieux boursiers. Pourtant, il choisit d'emblée de les inquiéter.

La « petite phrase » fera florès. Le débat sur le fait de savoir si la cote est surestimée fait alors la une des journaux. Et devient l'objet favori des conversations des professionnels du marché. Il durera la décennie entière.

Très bien alimenté! Plusieurs éléments viennent ralentir la marche gagnante de la cote parisienne. D'abord, le retour du million de rapatriés d'Algérie. Certains d'entre eux, sentant le vent tourner, avaient, dans les années précédentes, placé des capitaux à la Bourse de Paris. Sensible dès 1957, un surplus d'ordres était ainsi venu d'outre-Méditerranée, soutenir la tendance. Mais avec le retour en catastrophe, les familles vendent massivement pour trouver les liquidités nécessaires à leur réinstallation et à leur survie. Un recul des cours, puis des volumes, s'ensuit.

Dans le même temps, les premiers effets de l'Europe verte commencent à se faire sentir : une partie croissante de la population agricole se rapproche des pôles urbains.

On a reconstruit l'appareil de production, on a considérablement développé le commerce extérieur des entreprises françaises, le plan Armand-Rueff est venu fixer les premiers axes d'une réorganisation de l'économie, mais on a insuffisamment construit. A Paris, plus d'un logement sur deux n'a pas l'eau courante. Dans les grandes municipalités, le retard est considérable. Rapatriés plus « nouveaux citadins » : prix et loyers flambent. La crise du logement, permanente depuis quinze années, prend brutalement une tournure presque dramatique.

La décennie soixante sera celle du rattrapage de l'immobilier. Georges Pompidou et Valéry Giscard d'Estaing, le ministre des Finances, s'inquiètent de la surchauffe de l'économie française. Un « ralentissement » s'impose. L'arbitrage est vite fait par le nouveau gouvernement : le célèbre plan de stabilisation adopté à la rentrée 1962, qui consiste essentiellement en un strict contrôle du crédit, favorise à la fois le bâtiment et l'investissement dans la pierre. On entre dans l'ère du gaullisme immobilier.

Sans surprise, les mesures décidées pour ralentir ce qu'on appelle alors le « dérapage monétaire » et relancer le bâtiment ont un effet de freinage sur la Bourse.

La hausse des prix se ralentissant, l'argument du « refuge monétaire », qui avait beaucoup contribué dans les années précédentes à la hausse des cours, disparaît. Quant à l'immobilier, dopé par un régime fiscal favorable et la spéculation naissante, il devient en quelques mois l'un des secteurs clés de l'économie nationale. A l'arrivée, l'impact est réel.

Dans ces conditions, le courant ne passe pas entre les agents de change et leur ministre de tutelle.

A la réception annuelle de début 1963, alors que tous les membres de la Compagnie sont présents pour écouter le jeune « crack » du gouvernement Pompidou, le discours de Valéry Giscard d'Estaing s'achève dans un épais silence. Pas un seul applaudissement. Il n'est pourtant pas mauvais. Mais les agents n'apprécient guère celui qui illustre pour eux une série de mesures défavorables à leur activité. Parmi celles-ci, une a particulièrement marqué les esprits : le plafonnement à 8 000 francs mensuels du montant des frais professionnels déductibles du revenu des agents de change. Cette déduction était auparavant sans limite!

Au point final de son texte, le jeune ministre relève la tête. Quelques secondes passent, lourdes. Celui qui n'est pas encore V.G.E. improvise alors quelques propos. Lesquels ne suscitent guère plus de réaction.

Les apparences laissent croire le contraire, mais les hommes de la corbeille ne se sont pas concertés. Furieux, Giscard disparaît sans même écouter la réponse du syndic, Pierre Sellier. C'est alors qu'il lâche, à la cantonade, la fameuse petite phrase qui sera si souvent reproduite :

– Je n'oublierai jamais cet affront.

Les agents, eux, n'oublieront jamais Giscard. En 1963, le produit national augmente de 5 %, les actions baissent de 4 %; l'année suivante, le premier gagne 6 %, les secondes cèdent 13 % ; puis, respectivement, un gain de

3,4 % contre une perte de 6 % en 1965 ; en 1966, l'écart continue de se creuser : plus 5,4 % contre moins 4 % ; puis la Bourse perd 9 % en 1967. Au total, en cinq ans, les actions ont perdu 38 % de leur pouvoir d'achat ; la production industrielle, dans le même temps, a gagné 50 % !

Opportunément, le plan de stabilisation est officiellement abandonné à l'automne de 1965 : quelques semaines avant la première élection présidentielle au suffrage universel. Les agents de change pourraient s'en féliciter. Il n'en est rien. La décision s'apparente trop à un bref répit dans ce qu'ils considèrent être une offensive contre leur activité.

Car, dans le même temps, une nouvelle mesure vient frapper la Bourse. Alors que se discute le budget 1966, le député UNR de Seine-et-Oise, Louis Vallon, rapporteur général de la commission des finances de l'Assemblée et ancien directeur de cabinet du général de Gaulle à la Libération, fait adopter par un amendement « l'intéressement des salariés aux fruits de l'expansion ». A trois mois de l'élection, là encore, le pouvoir en place se dote d'un argument de campagne : la participation constitue le seul grand credo que le gaullisme ait porté en matière économique. Or la joute électorale sera aussi un débat économique et social : il convient donc que le général-candidat puisse, sur ce terrain aussi, avancer quelque réalisation.

« L'amendement Vallon » fait aujourd'hui sourire par sa timidité. Et pourtant ! L'apparition de cette espèce de capitalisme populaire avant la mode traumatise alors la Bourse. Au point qu'il éclipse complètement, sur le coup, l'instauration conjointe de l'avoir fiscal, pourtant bien favorable aux actionnaires.

– Cette mesure, explique alors Pierre Bottmer qui, comme syndic de la Compagnie, a remplacé Pierre Sellier début 1964, crée une nouvelle catégorie d'actionnaires.

La formule, dans le contexte du milieu des années soixante, est suffisante. En effet : presque nulle avant guerre, la part prélevée par le fisc sur les résultats des sociétés n'a cessé de gonfler depuis la Libération. Elle est maintenant à 50 % ! Or l'intéressement vient opérer une ponction supplémentaire. C'est trop!

Les hommes de la Compagnie, qui se targuent d'être les seuls vrais défenseurs de l'entreprise, se sentent assaillis. L'année précédente, en 1964, le gouvernement a autorisé la création des Sicav, les sociétés d'investissement à capital variable. Celles-ci sont vendues directement aux guichets des banques. Or les banques, principaux acteurs du marché, sont les premiers clients des charges. Leur donner les moyens de collecter encore plus facilement l'épargne publique constitue, pour les agents de change, une véritable déclaration de guerre. Certes, la loi prévoyant la création des Sicav date en réalité de 1957! Il a donc fallu sept années d'atermoiements pour que soient pris les premiers décrets d'application. Il n'empêche! Le système bancaire, qui se lance alors dans une politique d'ouverture de guichets et de « chéquarisation » systématique, se voit doté d'une arme nouvelle. Au contraire, les agents de change restent cantonnés à une activité de simple exécution d'ordres : interdiction de démarcher commercialement la clientèle; interdiction de gérer ou de conseiller celle qu'ils ont; interdiction même, comme pour les avocats, d'apposer leur plaque à la porte de leur immeuble!

Aussi sont-ils meurtris : leur sort, celui du marché financier, celui du capital des entreprises ne semblent intéresser ni les pouvoirs publics, ni l'opinion, ni même les banquiers. Ceux-ci, au contraire, resserrent l'étreinte. Ils sont pour l'heure les grands gagnants de l'endettement des entreprises et ils ne s'intéressent qu'à gonfler leurs portefeuilles de crédits et à développer leur clientèle particulière. Au total, les boursiers, qui ont vu leur marché exploser sous la Quatrième République, à un moment où le pouvoir politique, accaparé par d'autres dossiers, ne se préoccupait guère de légiférer dans le domaine financier, regrettent ce bon vieux temps.

Ce qui devait arriver arrive alors.

La première alerte vient de province. Atteintes d'abord par la décolonisation, qui a réduit le volume d'affaires notamment à Marseille et Bordeaux, les places régionales subissent ensuite le contrecoup de l'unicité du lieu de cotation. Leurs plus beaux titres ont pris le train de Paris.

Dans un premier temps, il a certes été décidé que 138 valeurs parisiennes viendraient nourrir l'activité des parquets de province. Pas une seule ne quittera finalement la capitale.

Aussi, touchées également par la baisse générale de l'activité qui survient à partir de 1962, les places de province se retrouvent en 1966 dans une situation on ne peut plus délicate. Qu'on en juge! A l'issue de l'exercice 1965, en volume de transactions, les sept bourses régionales réalisent 1,6 % de ce qui est traité à Paris : 285 millions de francs contre 17,5 milliards de francs!

Or s'il y a alors 83 offices à Paris, il y en a encore 40 dans les régions. Pas de miracle! Alors que de nombreuses charges parisiennes ne parviennent qu'à équilibrer leurs comptes de justesse, en province, les frais ne sont plus couverts depuis deux ou trois ans déjà!

Par chance pour eux, expliquent aujourd'hui les anciens de la profession, Valéry Giscard d'Estaing quitte la Rue de Rivoli début 1966. Le 8 janvier exactement,

Michel Debré lui succède. S'ils n'ont guère de tendresse pour l'auteur de la réforme de 1962, les Boursiers le préfèrent en tout cas à celui qu'ils considèrent comme responsable de la dégringolade de l'indice.

Et puis, qu'importe le passé même récent! La profession réclame d'être entendue. A peine installé, le nouvel occupant de la Rue de Rivoli a le bon geste. Quelques jours seulement après sa nomination, le ministre de l'Économie reçoit officiellement le nouveau syndic de la Compagnie. A cinquante-trois ans, Yves Meunier, élu quelques jours auparavant par ses pairs parisiens, est, comme tout responsable en début de mandat, décidé à se faire entendre.

Le courant passe entre les deux hommes. Le ministre est un réformateur et régulateur insatiable. En 1966, il décide en vrac et entre autres choses de restructurer la banque et l'assurance nationalisées, de créer la COB, la Commission des opérations de Bourse, de renouveler le droit des sociétés! Au milieu de ces nombreux chantiers, il va, aussi, s'occuper des agents de change. La Compagnie aura ses réformes.

1967 est une année-charnière dans l'histoire de la profession.

Jusqu'alors la règle est claire qui stipule depuis toujours qu'une charge d'agent de change ne peut avoir qu'un titulaire unique. A l'origine, la disposition visait à éviter les ententes qui auraient pu aboutir à des manœuvres – on ne parle pas encore de manipulations – sur les cours.

Les agents dans leur grande majorité y tiennent : clé de leur prestige et symbole social, la charge ne saurait évidemment se partager. Mais alors que la conjoncture boursière est déprimée et que les offices ont de plus en plus de mal à maintenir la tête hors de l'eau, les décisions de fin 1966 sont bien accueillies.

Début 1967, naît la Compagnie nationale des agents de change. Les compagnies de Lyon, Marseille, Bordeaux, Nantes, Nancy et Lille disparaissent. Leurs actifs sont rassemblés : les charges de province sont désormais garanties par le fonds commun de la profession. A Toulouse, les cinq agents préfèrent fermer la Bourse et céder leur activité aux banques.

Yves Meunier, le syndic de la Compagnie de Paris, devient, en janvier 1967, le premier syndic de la Compagnie unique. Sur les six bourses de région, il désigne des syndics délégués.

Surtout, la loi permet les fusions entre charges. Un décret vient aussi autoriser les associations. Une véritable aubaine!

Ceux qui ont les moyens de reprendre des confrères y voient l'occasion de grossir; ceux qui n'en peuvent plus trouvent là une porte de sortie honorable qui leur évite d'avoir à prélever sur leur fortune personnelle pour boucler certaines fins de mois difficiles ou boucher des trous. Si certains choisissent de s'associer, d'autres préfèrent purement et simplement vendre leurs fonds de commerce et se retirer.

Un vaste mouvement! En trois ans, 44 charges parisiennes fusionnent entre elles; 9 charges de province font de même, tandis que 9 offices de la capitale se rapprochent d'homologues de province. C'est de cette époque que datent les premières raisons sociales à patronymes multiples : Dupont-Denant-Dubois; Lebel-Laborne-Wolff; Bourdel-Delahaye; Bottmer et François-Dufour; Jullien-Ducatel; Fauchier-Magnan et Roblot; Nivard-Flornoy; Roth Le Gentil-Varangot; Cheuvreux-de Virieu...

Cette unification ne s'est pas faite sans heurts. La

réforme Debré résulte d'un savant dosage entre différentes positions. Les Parisiens ont plaidé pour une fermeture pure et simple des bourses régionales, arguant qu'il est inutile de diviser les courants financiers alors que, face à la concurrence internationale, la place parisienne paraît déjà trop étroite. A l'opposé, certains, dont les banques régionales, ont fait valoir qu'il est souhaitable de maintenir un lien entre l'épargne régionale et les entreprises locales. C'est le défi proposé alors aux agents de change de province.

A l'arrivée, le constat est là : après avoir longtemps résisté au processus de concentration observé dans presque tous les autres secteurs d'activité, la profession y est venue : il n'y a plus, en 1970, que 65 offices à Paris et 28 en province.

Contrainte économique ou choix stratégique raisonné, car certaines belles charges décident de s'associer sans y être obligées, les rapprochements sont, dans tous les cas, un choc culturel. Habitués jusqu'alors à être seuls maîtres chez eux, patrons de droit divin, les agents se retrouvent obligés de composer avec un ou plusieurs confrères. Sans pour autant renoncer à leurs usages médiévaux. Des heurts et des difficultés s'ensuivront. Si les associations permettent d'additionner les clientèles, elles additionnent aussi les effectifs. Elles engendrent aussi nombre de dissensions. Pendant quelques années, jusqu'à ce qu'une nouvelle vague de fusions s'impose, les agents qui ont préféré, et surtout qui ont pu rester indépendants, en conçoivent une satisfaction à peine dissimulée, et considèrent avec quelque condescendance leurs confrères associés.

Louis Baudouin est resté seul. Comme beaucoup de ses confrères, le successeur de Jean Huet de Paisy ne veut pas « d'un second patron à la charge ». Certes, le métier est un peu ronronnant, mais la maison Baudouin fait partie de celles qui, malgré la crise, vivent bien.

L'agent en a certes choqué certains en divorçant. Mais cela est presque une vieille histoire. Baudouin est un des rares de la profession à manier tant l'humour que l'ironie; et, au milieu de caractères souvent chiches, il ne rechigne pas à la dépense; bon vivant et généreux, « Loulou » est très entouré. Restaurants, boîtes de nuit, cabarets : il aime se distraire et connaît les endroits de Paris où s'amuser.

Chaque jour, la séance achevée, il retrouve à la « popote », autour de la même table, les mêmes figures. Des années durant, les places seront inchangées. A sa droite, Bernard du Pont de Compiègne, figure légendaire du parquet, dont le second prénom, Adjutor, est vite devenu le surnom; à gauche, Robert Cheuvreux, agent depuis le lendemain de la guerre, ingénieur agricole de formation, descendant de René Panhard, le fondateur de la célèbre marque d'automobiles. Puis Roger Desaché, Jean-Carl Ollivier, fils d'agent, et Jean Saintouin, Jean Soulié, et Michel Nouilhetas.

La baisse du marché n'affecte le moral que de ceux qui peinent. Baudouin et ses plus proches amis n'en sont pas. Pour les titulaires dont la charge se porte bien, la vie continue d'être confortable.

A la saison, Louis Baudouin loue en Sologne avec trois autres agents la chasse d'un important industriel, M. Hacquenberger. Nombreux sont les confrères à vouloir acquérir une part. Pas question! En chasseurs passionnés, et exigeants, Louis Morel d'Arleux, Jean-Carl Ollivier, Jean Saintouin et Baudouin estiment qu'on ne saurait être plus de quatre fusils sur... 500 hectares!

Plus tard, lorsque de plus en plus de gens chasseront au sein de la Compagnie, les « retours » devenant trop longs à son goût, Louis Baudouin prendra peu à peu ses distances. Pour être plus souvent sur le green, au golf de La Boulie, à côté de Paris.

Chaque été, en juillet, l'agent a la garde de ses trois enfants. Il les emmène à l'hôtel des « Roches Fleuries », à Aiguebelle, près du Lavandou. Toujours entre confrères : les François-Dufour, les Ollivier et aussi les Flornoy. L'agent retrouve alors les ambiances des premières années de son mariage. Mais la nostalgie n'a qu'un temps. L'homme a tiré un trait.

Depuis plusieurs années, il continue de voir régulièrement Jacqueline Mitnik. Avant son divorce, son confrère Pierre Alphen les recevait dans sa propriété. La jeune femme est entrée dans son cercle d'amis. Elle a maintenant déménagé, et habite rue Pauline-Borghèse, à Neuilly. Plus près de son propre domicile.

Se remarier? La jeune femme insiste. Louis Baudouin résiste. Sans doute ne lui cache-t-elle rien de sa vie, passée et présente. Mais l'agent a ses raisons :

– Tu n'as pas trente ans; j'en ai plus de cinquante.

– Nous ne serons ni les premiers ni les derniers, répond-elle.

– Et tu es juive!

Surtout, Jacqueline Mitnik, il le sait, n'appartient pas à son univers professionnel. Son ami, Jacky Imbert, que l'agent rencontre de temps en temps, commence à faire très sérieusement parler de lui.

En 1967, le 23 juin, Antoine Guérini, le chef historique du gang qui contrôle Marseille depuis la fin de la dernière guerre, s'écroule en pleine ville. Une guerre des clans commence ce soir-là qui durera plusieurs années et laissera plus de quarante cadavres sur le bitume de Paris et Marseille. Imbert monte aux premières loges. Il a fait beaucoup de chemin dans les années récentes. En même temps qu'il gagnait du terrain à Paris, il est revenu sur les lieux de ses premières amours. A Oran, il travaille pendant un temps avec les principaux proxénètes de ce port d'Algérie. Mais Imbert n'est pas de ceux qui partagent. Bientôt, il applique à la ville algérienne la méthode de Pigalle : le racket. Avec, en point d'orgue, une opération qui reste parmi les plus célèbres du « milieu ». Aux commandes d'un Cessna, Imbert enlève le plus important bordelier d'Oran. L'avion traverse la Méditerranée de nuit. Raymond Infantes se retrouve à l'aube séquestré dans un petit hôtel marseillais. A la cave évidemment. Passé quelques jours, il préfère payer la rançon. Une bagatelle, dit-on, de 50 millions de francs. Le montant est contesté, mais c'est à partir de ce versement en tout cas que Jacques Imbert a les moyens d'entretenir sa propre équipe. La bande des « Trois Canards » devient de plus en plus le clan du « Matou ».

Pas un bar louche, pas une maison de passe qui ne fonctionne sans la bienveillante et coûteuse protection de ses hommes dirigés sur le terrain par un ancien commissaire de police.

Au milieu des années soixante, Imbert pousse ses pions vers Marseille. Il est associé à Gaetan, dit « Tany », Zampa, le « vice maire » de la ville. Les deux hommes, qui se sont connus aux « Trois Canards », ont quelques bons souvenirs en commun. Nul, jusqu'à aujourd'hui, n'a jamais su qu'ils ont notamment tenté de rééditer le coup du proxénète d'Oran sur l'homme d'affaires franco-israélien Flato Sharon, escroc de haut vol impliqué dans un des plus grands scandales politico-financiers (plus de 400 millions évaporés) de la Vᵉ République. Enlevé en Suisse, celui qui deviendra quelques années plus tard député de la Knesset (par achat de votes!) pour bénéficier d'une immunité parlementaire, est alors enfermé dans un chalet d'une très élégante station de sports d'hiver. Plusieurs jours durant, il résiste. Puis convient de payer la rançon exigée. Mais il demande, pour cela, de pouvoir sortir. Comme otage de rechange, il propose de confier à ses gardiens celui qui est son bras droit. L'accord est conclu.

Une nuit, Zampa et Imbert voient, comme convenu, s'approcher deux phares à proximité du chalet. Le signalement de la voiture correspond à ce que Sharon a dit. Conformément à ce qui est prévu, un petit homme un peu âgé en sort. Il s'avance, rejoint Sharon, lequel le serre longuement dans ses bras.

– Ce ne sera pas long!

Sharon s'éloigne du chalet, et monte dans la voiture. Il a sept jours pour payer. Imbert et Zampa regardent les feux de la voiture quitter la station et passer un à un les premiers lacets de la route de montagne.

Six jours se passent. Rien. Sharon ne donne pas de nouvelle. Il n'en donnera pas. Le petit homme qu'ils retiennent connaît certes l'Israélien depuis longtemps; mais il ne sait pas grand-chose de ses affaires. Il n'est ni un homme de Sharon, ni un de ses associés, ni surtout son bras droit. Imbert et Zampa doivent se rendre à l'évidence : Sharon les a possédés.

Les deux amis ont horreur des échecs. « Le Matou » et « Tany » sont décidés à « serrer » Sharon. Le plan est compliqué : l'homme d'affaires voyage; il a ses gardes du corps et il est protégé. L'otage de remplacement, lui, n'est pas antipathique. Mais il faut quitter la Suisse. Le faux bras droit est expédié dans une villa en Corse. Il y restera de longs mois : le temps pour les deux truands de parvenir à inquiéter Sharon. Voyages. Et alors que la pression monte sur l'entourage de l'homme d'affaires, celui-ci se décide à transiger. Il verse une rançon, très inférieure à celle initialement exigée. Le sort de l'homme qu'il a livré lui est indifférent. Celui-ci est finalement libéré, un matin de printemps, près de Marseille. En presque un an de compagnie, ses geôliers s'étaient attachés à lui.

C'est donc avec Zampa qu'en cette année 1967, Imbert attaque la puissance des Guérini à Marseille. Mais les deux alliés vont s'opposer. Devant l'hécatombe qui fait suite à sa rupture avec Zampa, « le Matou » préfère s'éloigner quelque temps.

Parce qu'il a notamment une planque à Neuilly, il voit régulièrement Jacqueline. Celle-ci présente au « Matou » l'une de ses meilleures amies qui deviendra quelques années plus tard Mme Jacques Imbert.

Jacqueline a alors trente ans. Depuis 1965, elle tient une boutique de lingerie féminine dans le XVIIe, avenue des Ternes, près du passage Choisy : Tiny. Elle y travaille toute la journée. Outre Imbert, la jeune femme a d'autres relations dans le « milieu ».

Un soir de mai 1968, Louis Baudouin et Jacqueline Mitnik dînent ensemble dans un restaurant parisien. La Bourse est sous pression : la grève dure depuis bientôt deux semaines! Les cotations sont suspendues. L'heure est incertaine. Quant à la jeune femme, sa boutique est l'une des rares du quartier des Ternes à rester ouverte. Aux piquets de grève qui veulent l'empêcher de travailler, elle explique que les propriétaires de la boutique sont en Algérie et qu'elle sera immédiatement renvoyée si elle ne fait pas le « chiffre » mensuel.

Durant le dîner, la conversation roule de nouveau sur la question du mariage. La jeune femme estime que cinq ans après son divorce, l'agent peut se remarier. Elle le répète une nouvelle fois. Mais Louis Baudouin ne veut rien entendre.

– Bon, puisque c'est comme cela, je vais en épouser un autre!

Jacqueline Mitnik se lève de table. Et sort.

Elle disparaîtra plusieurs mois durant. A Baudouin, elle refuse de parler au téléphone, refuse de le voir, refuse de l'écouter. Et lui envoie, au printemps 1969, un acte de mariage. Elle s'est, au début de l'année, remariée avec un Corse, du même âge qu'elle, René Bettolacce, bien connu sur les hippodromes, dans les haras, et aussi de la police des courses.

Les courses. Jacqueline Mitnik a aussi des amitiés dans cet univers. Des propriétaires, des entraîneurs, et même des jockeys. Pendant un temps, Imbert et certains de ses amis ont été très proches de Patrice des Moutis, le fameux « Monsieur X. », l'auteur de la formule qui a mis le PMU en échec.

Bettolacce vit à Deauville et Jacqueline ouvre alors une seconde boutique Tiny dans la célèbre station de Normandie : au 1, rue Gontaut-Biron. A deux pas du casino...

La vie est presque calme : hormis les champs de courses, les paris, les « book », Bettolacce mène une existence très bourgeoise. Monotone au goût de Jacqueline.

Surtout, Louis Baudouin, depuis qu'elle s'est remariée, a radicalement changé d'avis. L'agent est désormais fermement décidé à la faire divorcer pour l'épouser. Une année suffira.

Le 5 mai 1971, Louis Baudouin épouse Jacqueline Bettolacce, née Mitnik. L'union est célébrée, à la mairie de Neuilly, par le maire en personne, Achille Peretti, le président de l'Assemblée nationale. L'agent de change est accompagné notamment de son beau-frère et de sa sœur, le comte et la comtesse Jacques Le Tourneur d'Ison. Il a pour témoin l'un de ses plus intimes confrères, Jean-Carl Ollivier, de huit ans son cadet, mais qui est « monté » quelques années avant lui, en 1952. Jacqueline, elle, a pour témoin une amie, la femme d'un grand architecte du moment.

4.

La période rose du marché parisien

– J'ai évidemment été très mal acceptée. Il eût été plus facile pour moi, au lieu d'arriver dans un milieu aussi fermé, aussi conventionnel, et aussi coincé, d'épouser un homme appartenant à un univers plus libéré : la publicité, le monde artistique, ou que sais-je encore! Au contraire, la Compagnie des agents de change était un monde triste, d'où toute fantaisie était proscrite et où il était préférable de se fondre dans la teinte dominante. J'étais bien sûr en rupture complète...

Dix-sept ans après, Jacqueline Baudouin se souvient.

– A l'époque, les membres de la profession se réunissaient encore très fréquemment. Pour des motifs officiels, lors de dîners ou de soirées organisés par la Chambre syndicale, mais également pour les fêtes d'ordre privé : fiançailles ou mariages des enfants. De plus, chaque agent recevait une fois par an l'ensemble de ses confrères. Dans les premiers temps, à ces réceptions où venaient les épouses, personne ne m'adressait la parole. Les gens m'évitaient. J'étais comme transparente. Il fallait que je sois au bras de mon mari pour que ses confrères daignent me saluer. Excepté ceux de ses meilleurs amis qui ne se sont alors pas éloignés de lui.

Jusqu'au bout, jusque quelques jours avant qu'il ne

soit destitué, Louis Baudouin conservera ainsi son noyau d'intimes. Au premier rang desquels Yves Flornoy qui, de 1976 à 1984, sera l'un des syndics les plus marquants de l'histoire de la Compagnie.

– Yves Flornoy, raconte Louis Baudouin, était devenu agent de change en reprenant la charge de son grand-père maternel, un Roland-Gosselin. Quatre titulaires Roland-Gosselin s'étaient succédé avant lui. Et comme les Roland-Gosselin étaient apparentés aux Huet de Paisy, la famille de ma première femme, Yves Flornoy et moi-même avions pris l'habitude de nous donner du « cousin ». Quoique formellement nous ne l'étions que de très loin, et uniquement par alliances. Il m'est toujours resté fidèle.

« Je savais, continue Louis Baudouin, que mon remariage serait diversement commenté dans la Compagnie. Notamment parce que j'avais cinquante-quatre ans et que ma nouvelle femme en avait vingt de moins. Et aussi parce qu'elle n'était pas du milieu des agents de change. Mais enfin, je considérais qu'il y avait ma vie professionnelle et ma vie personnelle. C'est ce que j'avais dit au syndic de l'époque, Yves Meunier, qui m'avait demandé de venir le voir, c'est-à-dire convoqué, peu de temps avant mon second mariage. Telle était ma position. D'autres l'ont suivi par la suite. Elle était, je crois, peu hypocrite... »

Ce dont convient l'un des confrères de Louis Baudouin, qui, depuis plusieurs années, est l'un des professionnels les plus réputés de la place parisienne :

– A une époque où le seul fait de divorcer, et donc a fortiori de se remarier, était dans la Compagnie inconcevable, Louis Baudouin a fait preuve d'un courage certain. Il savait, en épousant sa deuxième femme, qu'il se mettait au ban. Mais il convient de dire qu'il a toujours considéré avec une certaine condescendance, voire un certain mépris, le carcan des us et coutumes de la Compagnie. Issu d'un milieu industriel et ingénieur d'origine, il mesurait mieux que d'autres ce que la profession d'agent de change devait au monopole. N'ayant que peu baigné dans ce culte de la corbeille qu'entretenaient les familles dont les aïeux furent agents de change plusieurs générations d'affilée, il en voyait bien les limites. Ce prestige un peu désuet que s'adjugeaient les membres de la Compagnie lui paraissait sinon usurpé, au moins surfait. C'était parfois dans sa bouche un sujet d'ironie. Aussi n'était-il pas le plus prompt à se soucier du respect des normes ou des convenances.

A n'en pas douter, Jacqueline Baudouin ne l'était pas non plus.

– On m'ignorait. Cela était certes désagréable et parfois même pénible à vivre. Cela se voulait humiliant. Mais lorsque je voyais ces gens qui s'offusquaient ou feignaient de s'offusquer que mon mari se soit remarié et qu'il soit mon troisième époux, cela me faisait sourire. Car du temps où j'étais l'amie de mon mari, nous fréquentions quelques-uns de ses confrères et je savais assez bien où en étaient plusieurs d'entre eux quant à leur vie privée. Je savais l'argent dépensé par certains pour entretenir, parfois même loger confortablement des maîtresses, et je retrouvais dans les réceptions de la profession des couples ordonnés, comme il faut, dont les épouses, qui ne se doutaient sans doute de rien, portaient immanquablement la même robe, la même paire de chaussures. Certaines situations étaient souvent grotesques et parfois pathétiques.

« Surtout, je considérais que, pour la plupart, ces gens n'avaient rien vu, et peu cherché à connaître autre chose que leur univers d'origine dont ils n'étaient jamais sortis. Pour moi, ils n'avaient pas vécu. Ils me méprisaient certes, mais je leur rendais bien leur mépris. »

Accoudé à la terrasse de son appartement de Neuilly, Louis Baudouin continue :

– L'attitude de la profession n'était pas surprenante. Même si la violence de certaines réactions m'a surpris. Mais surtout, ces manifestations tranchaient très brutalement avec ce que nous enregistrions dans notre cercle privé.

La sœur de Louis Baudouin, Jacqueline Le Tourneur d'Ison, raconte :

– Son remariage était le libre choix de mon frère. Il n'était pas question pour nous de juger. Je me suis tout de suite très bien entendue avec ma nouvelle belle-sœur. A l'époque, mon père, âgé, est devenu très fatigué. Il est venu habiter chez elle et Jacqueline s'est occupée de son beau-père, tous les jours, pendant trois ans, jusqu'à ce qu'il disparaisse.

Jacqueline Baudouin n'imaginait alors pas s'intéresser un jour à la Bourse.

– J'ai des goûts très classiques et je ne m'en cache pas : j'aime les belles choses, les beaux meubles, les beaux vêtements, les jolies voitures. Le luxe, l'aisance. Mon mari me disait : « Tu as tout ce qu'il te faut à la maison! Je ne veux pas entendre parler de Bourse quand je rentre chez moi! » Il n'était pas question que je me mêle de sa profession. Cela ne m'intéressait d'ailleurs que peu. Je n'y connaissais rien. Et je n'avais pas envie d'apprendre. Je ne lui en parlais pas ou peu.

Louis Baudouin acquiesce :

– La séance de Bourse était quelque chose de très fatigant. Très oppressant. Le bruit, le monde, le rythme, tout cela était parfois étourdissant. Si bien que dès avant notre mariage nous avions pris une habitude. Nous étions grands amateurs de cinéma et nous allions à la séance du dimanche, en début d'après-midi, car il y avait peu de monde, peu de bruit. Sans doute à cause de la séance de bourse, j'ai toujours eu horreur de la foule, du bruit. Les premiers temps de notre mariage, nous allions très régulièrement au cinéma.

1971. *Mash* de Robert Altman, *Enquête sur un citoyen au-dessus de tout soupçon* d'Elio Petri, *Le Messager* de Joseph Losey, *Les Damnés* de Visconti, *Sacco et Vanzetti* de Giulano Montaldo, *Johnny got his gun* de Dalton Trumblo. Et beaucoup d'autres! Louis et Jacqueline Baudouin ne manquent aucune des grandes affiches. Avec le golf à la Boulie, près de Buzenval, le tennis et aussi la chasse, la séance hebdomadaire, le dimanche à 13 heures, est devenue un rite. Pour l'agent Baudouin, la vie personnelle, à ce moment-là, prend quelque peu le pas sur la vie professionnelle.

D'autant que le marché, au début des années soixante-dix, n'est guère fameux.

Le psychodrame de mai 1968, qui a obligé le Palais Brongniart à fermer onze séances durant, le départ du général de Gaulle, la poussée de l'union de la gauche dans les différentes consultations électorales, l'acuité des problèmes monétaires créés par la décision américaine du 15 août 1971 de suspendre la convertibilité dollar/or et l'abandon des parités fixes, font des années 1969-1972 une période d'incertitude. La Bourse de Paris est notamment déconcertée par un phénomène inhabituel : la réévaluation du franc contre le dollar. De 5,55 francs en 1969, le billet vert vaut 4,60 francs en février 1973. On fera mieux, à la mi-1975, puisque la monnaie américaine tombera en dessous de 4 francs!

C'est donc dans une économie mondiale qui vient de perdre ses repères qu'éclate en octobre 1973 la guerre du Kippour. En un trimestre, le prix du pétrole quadruple. Wall Street plonge : – 40 % entre septembre

1973 et septembre 1974; Paris suit : d'un automne l'autre, la baisse y est de 38 %. Et, parce qu'un malheur n'arrive jamais seul, en mai 1974, la Corbeille retrouve l'homme politique qui symbolise ses souffrances. Valéry Giscard d'Estaing entre à l'Élysée.

Les agents de change sont évidemment moroses. Certes, ils ont reçu dans les années récentes de nouveaux moyens : depuis 1967, ils peuvent se risquer à la gestion de portefeuille, et donc dans l'analyse financière s'adonner aux joies de la publicité et même s'implanter à l'étranger! Une révolution dans la conception du métier : l'agent n'est plus, à l'instar du marchand de journaux, un simple vendeur de papier. Il a le droit et même le devoir d'émettre un avis circonstancié dessus... Mais la mutation ne va pas sans difficulté : traditionnellement, le courtage que l'agent prélève est la rémunération de son privilège d'intermédiaire obligatoire. Or, le voilà qui doit dorénavant rendre un service. Les esprits sont troublés.

L'évolution se fait donc lentement. Dans un numéro spécial du mensuel *Le Particulier,* daté de juin 1969 et consacré à la « gestion d'un portefeuille », rares sont les charges à faire de la publicité. Encore celles qui passent sont-elles d'un style largement désuet : « Roger Desaché, agent de change, successeur de son père »; « M. Georges Oudart tiendra à vous recevoir personnellement »; les annonces les plus offensives étant le fait d'un ancien coulissier, précurseur en matière de comparaisons de performances : « Qui a étudié l'influence du rendement des valeurs sur leur tenue boursière (rendements positifs et négatifs réels – circulaire n° 895) et écrit " Quelle vérité " comportant entre autres la comparaison SNCF, Union Pacific et Atchienson Topeka? Rémy Lebel, agent de change! » Il a parsemé le numéro spécial de nombreux encarts du même acabit.

De son côté la Chambre syndicale pousse comme elle le peut : un indice général de la Bourse de Paris et un service de documentation commun, ouvert aux salariés des charges, voient le jour en 1967.

Dans leur majorité, les charges ne saisissent guère les nouvelles opportunités. Il faudrait engager des hommes nouveaux, des analystes, des gestionnaires de portefeuilles. Or la santé du marché n'incite guère à la dépense. De plus, les agents ont surtout remarqué dans les initiatives de 1967 la création de la COB, la Commission des opérations de Bourse. Et messieurs les officiers ministériels s'offusquent de voir la nouvelle institution être présentée comme la « moralisatrice du marché financier ». Une atteinte à leur honorabilité!

Sur le papier, la COB doit s'assurer que les dirigeants des entreprises cotées ne divulguent pas des nouvelles erronées ou incomplètes et ne commettent pas d'irrégularités : son domaine est celui de l'information du public. Les banques étant de loin leurs plus gros clients, les agents ne sont guère portés à prendre parti pour ou contre une société, un titre ou une émission. Obligés dorénavant de s'impliquer, leur marché soumis à la surveillance, encore timide pourtant, de l'institution du Quai Citroën, certains regrettent le temps où, simples exécutants, ils laissaient le client s'aventurer à ses risques et périls.

Le conservatisme va, en ce début des années soixante-dix, l'emporter. En juillet 1972, le Parlement autorise la transformation des charges en sociétés anonymes. Et donc l'ouverture de leur capital! « Les nouvelles fonctions se traduisent par un accroissement de l'activité et nécessitent des capitaux et un instrument juridique adapté », lit-on dans les documents préparatoires à la loi. La disposition est presque révolutionnaire : s'ils doivent conserver la majorité du capital de la charge entre les mains de personnes physiques, les agents sont autorisés à faire entrer des institutionnels jusqu'à hauteur de 49 %. La Chambre syndicale de l'époque dissuade les plus novateurs : le marché doit rester l'affaire des agents! Quant à ceux qui n'imaginent pas confier à qui que ce soit la moindre parcelle de leurs prérogatives, pas question pour eux d'abandonner les statuts de société en commandite ou en nom personnel : la fiscalité de la société anonyme est moins avantageuse. C'est aussi pour des raisons pécuniaires que la profession a refusé aux initiateurs de la loi la suppression des remisiers : il faudrait indemniser ces apporteurs de clientèle au statut indéterminé et, dans l'ambiance de l'époque, les agents n'en ont guère envie. Les remisiers gèrent eux-mêmes les comptes de leurs clients mais, obligés de faire passer leurs ordres par les charges, ils apportent du chiffre d'affaires aux agents.

Finalement, l'unique utilisation qui sera faite du texte de 1972 en constitue presque un détournement : des sociétés de gestion de FCP, des fonds communs de placement, détenues par les familles ou des proches prendront une partie du capital des charges. Bientôt, ces outils pourront être créés au Luxembourg ou dans d'autres « paradis » fiscaux européens. On en verra alors s'y installer et contrôler indirectement certaines charges. A l'art de la dissimulation fiscale, certains agents ajoutent ainsi celui de l'évasion. En toute opacité : bizarrement, la profession qui, de plus en plus, va exiger des sociétés cotées transparence et informations, ne s'applique pas à elle-même ces principes élémentaires du marché financier. Chiffres d'affaires, revenus, résultats, fonctionnement interne, tout cela restera jusqu'au bout soigneusement tenu secret par la Chambre syndicale. Après l'unification de 1962, l'institution de la place de la Bourse s'est rapidement transformée en un instrument de pouvoir, de défense et de pression au service exclusif des agents de change.

Louis Baudouin, sur la réforme, partage l'avis dominant. Certes, comme titulaire indépendant, il n'a guère le temps de s'occuper des affaires que l'on appelle « communes », c'est-à-dire celles de la Compagnie. Il ne sera jamais élu à la Chambre syndicale. Les adjoints sont le plus souvent des agents associés. Cependant, il est parfois consulté.

Un jour, c'est avec deux autres confrères que Louis Baudouin est reçu par le syndic. La scène se passe en une fin de journée du printemps 1972. Tandis que les quatre hommes discutent, le téléphone sonne dans la pièce. Yves Meunier décroche.

– C'est pour toi, Louis!

L'agent saisit le combiné, écoute...

– Votre femme a appelé. Elle rappelle très bientôt. Elle doit vous joindre le plus vite possible.

– J'arrive...!

Louis Baudouin repose l'appareil.

– Excusez-moi, quelque chose de grave est arrivé. Je dois rentrer à ma charge.

L'agent sort de l'immeuble de la place de la Bourse, monte dans sa voiture et se rend rue de Provence.

Dans le salon de son appartement de Neuilly, Jacqueline Baudouin est entourée de plusieurs policiers. Ils sont arrivés en fin d'après-midi. La veille, un corps a été repêché dans la Seine, à hauteur de Bougival, par les services de la SRPJ de Versailles. Avec un sac sur la tête soigneusement ficelé à hauteur du cou, et deux balles dans le crâne. Unique indice : la montre que les exécuteurs ont laissée au poignet de la victime. Les recherches des services du quai des Orfèvres viennent d'aboutir : le cadavre est celui de René Bettolacce, le second mari de la femme de l'agent de change.

– Les policiers pensaient que mon second mari me faisait chanter depuis notre divorce et que je l'avais fait supprimer pour m'en libérer, raconte Jacqueline Baudouin. En réalité, il m'avait certes appelée deux ou trois fois depuis notre séparation, mais rien de plus. Et pas pour m'inquiéter!

Lorsque, ce jour-là, l'agent rappelle son domicile, chaque mot de Jacqueline Baudouin est enregistré par les inspecteurs présents.

– Lorsque j'ai eu mon mari en ligne, continue la femme de l'agent de change, je lui ai tout simplement expliqué ce qui venait de se passer. Les policiers n'en croyaient pas leurs oreilles car ils étaient persuadés que mon mari ignorait mon passé et que je lui avais caché l'activité de mon précédent époux.

– En fait, raconte l'un des inspecteurs un temps chargé de l'affaire et qui était présent ce jour-là dans l'appartement du couple Baudouin, il ne fallait écarter aucune piste. Cette affaire n'a jamais été officiellement éclaircie même si nous avons précisément situé les auteurs de ce « contrat ». Une chose est sûre : la mort de Bettolacce dépassait largement le cadre des affaires personnelles de Jacqueline Baudoin et Jacky Imbert.

En fin de soirée, un homme politique, ami du couple Baudouin, interviendra pour que Jacqueline Baudouin ne soit pas obligée d'aller reconnaître le corps à la morgue. Dans les jours suivants, heureusement, rien ne transpire : ni dans la presse ni dans la Compagnie.

L'honorabilité de l'agent de change n'est donc pas atteinte. Car le risque est là. Par son métier d'un côté, par certaines amitiés de sa femme de l'autre, Louis Baudouin est amené à côtoyer des gens d'univers parfaitement contradictoires. Or l'état du marché boursier rend le volume d'affaires trop médiocre pour qu'une charge d'agent de change puisse résister à la moindre rumeur. En 1975, c'est l'agent Jean Varangot qui est démis de ses fonctions par le nouveau ministre de l'Économie, Jean-Pierre Fourcade. Avec quelques complicités dans la charge, il s'affectait, parmi les emprunts Pinay en conservation dans ses coffres, ceux dont les numéros étaient tirés au sort pour bénéficier d'un remboursement anticipé. Les clients, eux, recevaient systématiquement les lots devant attendre l'échéance finale! Un beau détournement, puisque le prix de remboursement était de 730 francs et que le titre se traitait autour de 500 francs en Bourse. La mécanique pouvait s'alimenter seule : avec les fonds perçus lors des remboursements anticipés, il suffisait de racheter des titres sur le marché. Et de recommencer! A soixante et onze ans, cet agent bien sous tous rapports voit son trucage démasqué par son... associé, Charles-Max Roth Le Gentil. Lequel ne s'en remettra jamais. La profession, lui gardant une rancune tenace d'avoir ainsi trahi le cercle, le mettra en quarantaine. Deux ans plus tard, lors de la grande crise de 1977, il préférera céder sa clientèle.

Quelques mois après Varangot, c'est au tour d'André Lackenbacher de tomber : il remboursera les irrégularités commises par certains de ses salariés. Mais rien n'y fera : l'homme devra céder son office, sous la pression de la Compagnie, alors que la justice n'a pas été saisie. « Agent depuis vingt-cinq ans, son fils ne lui succédera pas », écrit un grand journal financier.

Or toutes ces affaires interviennent dans un contexte qui va se détériorant. Certes, sous l'effet de la relance initiée en 1974 par le gouvernement Chirac, l'indice de la Bourse de Paris progresse de 30 % entre 1975 et 1976. Mais l'explosion de la consommation intérieure ne dure qu'un temps : en deux ans, les prix de gros augmentent de 34 %, le déficit commercial se creuse. L'avant-dernière tentative keynésienne, avant celle du gouvernement Mauroy en 1981, se termine très mal. Un changement économique s'impose. Il arrive avec Raymond Barre. Le professeur d'économie a la confiance des milieux boursiers. Mais le refroidissement qu'il prescrit fait replonger le marché.

Les deux années qui vont du printemps 1976 au printemps 1978 sont désastreuses pour la Bourse. Les volumes chutent : 17 milliards de francs de transaction en 1977 contre près de 70 en 1973 et encore 60 en 1975. Les agents qui avaient cru, dix ans plus tôt, vivre leurs plus dures années, découvrent la véritable pénurie. Il n'y a presque plus d'émissions obligataires, plus du tout d'introductions; quasiment pas d'opérations. Les augmentations de capital, rendues impossibles par la chute des cours, ne dépassent pas 1 milliard de francs en 1976 et n'atteignent pas ce montant l'année suivante. La séance quotidienne se raccourcit de jour en jour. Les cotations, faute d'ordre, se terminent autour de 13 h 15. La Bourse est délaissée; l'ambiance à la « popote » se dégrade de jour en jour; les restaurants environnants se vident; le Palais Brongniart se peuple de fantômes. A un fondé de pouvoir qui le félicite, un agent qui « monte », début 1977, pour s'associer avec son père et son frère, répond : « Je monte à reculons. Nous n'avons, hélas, pas les moyens de fermer la charge. »

« Je maintiendrai. » Syndic énergique de cette période noire, Yves Flornoy oppose sa naturelle fermeté à ceux de ces confrères, et ils sont nombreux, qui demandent de subir le même sort que les greffiers de justice : la nationalisation pure et simple. De taille moyenne mais massif, les années ayant largement arrondi la silhouette, le cheveu blanc, la gouaille vivace et la voix sonore, cette espèce de « Gabin » de la finance sauvera alors la profession. Yves Flornoy fait largement donner le fonds de garantie pour combler des pertes; il encourage, et au besoin impose, des rapprochements. Sous son autorité, la période 1976-1977 connaît une nouvelle vague d'associations.

Jean-Carl Ollivier, l'ami de Louis Baudouin, s'associe avec Patrice Labouret et Marc Auboyneau; Paul Rondeleux avec Georges Oudart; Jean Sellier avec André Tellier; deux anciens coulissiers associés, Hubert Le Febvre et Xavier de La Fournière, lequel, entré en politique, est devenu conseiller républicain indépendant de Paris, se regroupent avec l'agent Yves Michelez, et Nicolas Meunier, le fils de l'ancien syndic. Ils créent la charge au plus grand nombre de titulaires. Battant le record récent de leurs confrères Gorgeu, Krucker et Perquel. Dans le même temps, d'autres cèdent leurs offices : Jean-Pierre Charpentié, Bernard Pierre, Jacques Lambert, entre autres, quittent la Corbeille.

Tristes sans doute, mais rassurés. Car à quelques mois des élections législatives de mars 1978, il est clair pour tous que l'institution boursière, dans un climat politique plutôt indifférent, souffre déjà très sévèrement, et qu'elle ne pourra survivre à la victoire de l'union de la gauche, et à l'application de ce très inquiétant « programme commun ». En raison notamment des projets de nationalisations, la disparition pure et simple de la Bourse est, quelques mois durant, sérieusement envisagée.

Comme dix années auparavant, Louis Baudouin passe au travers du mouvement d'associations. Il reste indépendant. Par goût. Et aussi parce qu'il en a les moyens. De plus son fils arrive à la charge. Georges-Alain Baudouin a vingt-quatre ans. Et peut-être son père, qui en a soixante et un, pense-t-il en faire un jour son successeur.

Bien en a pris en tout cas à Louis Baudouin de conserver son indépendance. Le « bon choix » permet à la majorité sortante d'emporter les élections. Le résultat ne fait que repousser de trois ans le risque tant craint. Mais qu'importe! Dans le soulagement, l'euphorie revient. On verra même un agent, ayant conclu la cession de son office avant le résultat du scrutin, faire pression auprès de ses confrères pour que ceux-ci, en déposant des boules noires dans l'urne, barrent la route à celui qu'il s'était choisi pour successeur, avant que les affaires n'aient repris!

Car, pour la profession, mars 1978 est beaucoup mieux qu'un résultat inespéré. L'échéance politique marque un tournant décisif du marché. Dans une volte-face spectaculaire, les pouvoirs publics s'intéressent soudainement de près au développement du marché financier. Non par tendresse tardive pour les agents! Mais parce que l'endettement de l'économie devient tel qu'il constitue un handicap insurmontable pour les entreprises. La nécessité de reconstituer les fonds propres implique de soutenir la Bourse. Or l'engouement des Français pour l'immobilier est tel qu'il faut, pour aider à la modernisation de l'appareil productif, renverser les priorités. Seize ans après, le premier ministre, Raymond Barre, prend le contre-pied des mesures adoptées en 1962 par Valéry Giscard d'Estaing : les prix français, pour la première fois depuis la guerre, sont intégralement libérés; quant à la loi Monory, du nom du ministre de l'Économie, elle favorise la Bourse contre l'immobilier. Le ministre des Finances joue sur l'allergie naturelle des Français à la fiscalité : c'est le capital investi lui-même, et non le revenu, qui, dans certaines limites, est déduit des sommes imposables. La recette est audacieuse. Elle réussit! En 1978 et 1979, près d'un million et demi de foyers fiscaux bénéficient de la détaxation; la moitié d'entre eux sont des nouveaux venus en Bourse. Si le nombre d'actionnaires directs n'augmente pas, celui des détenteurs de Sicav, grâce aux « Sicav Monory », double pour atteindre 1 million de personnes. Quelques mois seulement après avoir été au bord de l'asphyxie, les agents de change respirent de nouveau. Le marché repart. D'abord doucement. Mais cela est déjà un motif de satisfaction. Il n'y a plus que 46 charges à Paris et 18 en province alors que le volume d'affaires se regonfle. Un certain optimisme reprend le dessus. Nul ne peut deviner alors que le mouvement qui commence durera dix ans, hors la cassure de 1981, mais qu'il engloutira en fin de compte la profession dans son tourbillon.

En ce début 1978, lorsqu'il rentre le soir à son appartement de Neuilly, Louis Baudouin y retrouve... Jacky Imbert. « Le Matou », fatigué, est alors en rééducation intensive. Miraculé d'un formidable règlement de comptes.

Un an plus tôt, le 1er février 1977, alors qu'il quittait son appartement de Cassis, près de Marseille, pour monter dans son coupé Alfa-Roméo, trois hommes ont fait irruption. Quelques secondes durant, le feu est incessant. Plus de 23 projectiles seront retrouvés. Affalé dans le caniveau, « Le Mat » a reçu sept balles de 11,43 et plusieurs chevrotines de calibre 12. Quasiment mort. L'un des tireurs s'approche de lui, pointe son arme vers la tête, pour l'achever.

– Non, laisse! Laisse-le crever comme un chien, dit l'autre.

– T'as raison, comme un chien!

Les portières claquent, le moteur démarre et la voiture s'enfonce dans la nuit. Le temps est humide. Quelques minutes de silence. Puis des pas. Un attroupement. Des gyrophares. Dans une mare de sang, Imbert respire encore. Transporté d'urgence dans un service de réanimation, il s'en tirera. Aux policiers qui l'interrogent quelques jours plus tard, Imbert répond : « Je suis très étonné, je ne me connais pas d'ennemis. »

Pas d'ennemis ? Depuis quelque temps déjà, « Le Mat » et Zampa sont entrés en guerre ouverte pour le contrôle de Marseille. Et dans l'année qui suit ce 1er février 1977, plusieurs des hommes de Zampa tombent. Un mois plus tard presque jour pour jour, le 3 mars, Gabriel Regazzi s'écroule à la porte du cimetière Saint-Pierre de Marseille alors qu'il se rendait sur la tombe de son fils ; le lendemain, c'est au tour de Felix Cattanéo, un proche d'Imbert. En juillet, c'est Bimbo Roche, du clan Zampa, qui est exécuté à Nice par un tireur en Simca, alors qu'il fume un cigare au volant de sa Mercedes. Une élimination méthodique et froide qui s'interrompt le 25 novembre. Ce jour-là, Imbert est arrêté avec deux compagnons, dans une BMW, à proximité du domicile de « Tany » Zampa. Les trois hommes sont armés. Pour la deuxième fois de sa vie, Imbert entre en prison. Il y passera quelques mois durant lesquels la guerre des clans continue : en février 1978, Pancrace Santoni est abattu près de la Canebière ; le lendemain, c'est Nicolas Mariano qui perd le contrôle de son véhicule sur l'autoroute près d'Aix-en-Provence : il a une balle dans le thorax et l'autre dans le tympan. En avril, c'est au tour de Serge Cassone. Tous trois étaient des hommes du « Matou ». Quand celui-ci sort de prison, diminué, il est considéré comme ayant perdu la guerre. Tany Zampa et Francis Vanverberghe, dit « Le Belge », sont en première ligne. Erreur. Dix ans après, alors que « Le Belge » est incarcéré pour lontemps et que Zampa s'est, version officielle, pendu dans sa cellule des Baumettes avec la corde à sauter de son co-détenu, un jour de 1983, au retour d'une audience de son procès, Imbert, lui, ne se connaît toujours pas d'ennemis.

Mais en cette année 1978, « Le Matou » doit se soigner. Depuis « l'accident » de Cassis, son bras droit est presque paralysé. Surtout, la main est recroquevillée, immobile, inutilisable. Et Imbert, toujours recherché par ceux qui ont voulu l'éliminer définitivement, doit se cacher.

Jacqueline Baudouin est là pour lui. Viendra-t-on le chercher au domicile d'un agent de change parisien? Imbert s'installe dans un studio attenant à l'appartement de Neuilly : il a sa propre entrée mais communique par la terrasse avec ses hôtes. La clinique Hartman est à quelques pas du domicile du couple Baudouin. C'est là que, grâce à Jacqueline, Imbert se fait retirer une balle qui, depuis Cassis, était restée logée dans son cou.

C'est la femme de l'agent de change aussi qui s'occupera de trouver les meilleurs spécialistes français, pour tenter de récupérer la main droite du « Matou ». Sans véritable succès.

Près d'une année, Jacky Imbert vit ainsi au domicile de l'agent de change.

De taille moyenne mais trapu, l'œil clair, Imbert, s'il est un homme dangereux, calculateur sans scrupule, exécuteur froid, est aussi un personnage passionné, entier; empreint et respectueux des règles et principes de son univers : le sens du secret, le respect du silence, l'amitié fidèle, la rancune féroce, le machisme tenace. Archétype du grand banditisme dans sa version classique.

– L'une des dernières vraies figures du milieu de l'après-guerre, avec certes beaucoup de sang sur les mains, mais aussi un certain sens de l'honneur.

Près de vingt années durant, le commissaire B., aujourd'hui à la retraite, a vécu au rythme des opérations, des coups et des déplacements des Zampa, Alboréo, Imbert, et autres Francis le Belge.

– Il est sûr, reprend-il, que plusieurs des grandes affaires récentes restées inexpliquées ont un rapport étroit avec ces hommes-là.

Dans la ville du Sud-Est où il coule désormais des jours tranquilles, ce fort gabarit, grand, moustachu, à l'accent de titi parisien, continue de se passionner pour les « affaires ». Sur la table de la salle à manger, dont les larges baies donnent sur un minuscule fleuve de la Méditerranée, le Lez, quelques dizaines de dossiers sont soigneusement empilés. Le commissaire B. n'a pas raccroché. Deux décennies et demie durant, une dizaine d'hommes ont occupé toute sa vie ou presque. Il ne les quitte pas. Méthodiquement, il continue de les suivre. Tout est classé, ordonné.

– Non plus avec les fiches et les rapports des services, explique-t-il, mais avec la presse et aussi certaines conversations. On arrive tout de même à bien savoir...

L'ex-commissaire s'arrête, saisit un dossier bleu, le feuillette.

– Un jour, on comprendra vraiment comment quelques hommes ont tenu à la fois Paris, Marseille, les boîtes, les trottoirs, les bars, et toutes sortes de trafics. Par contre, il est clair qu'on se trompait en chargeant Imbert sur les courses hippiques.

Amateur de motos, mais aussi marin émérite (il a possédé plusieurs grands voiliers) et pilote d'avion, Imbert est également un amoureux de la race chevaline.

En septembre 1970, il obtient de la Société du cheval français une licence de driver amateur. Il court sa première course avec Uméa VI, de l'écurie Vallière. Deux mois plus tard, il remporte sa première victoire, avec Une Français. Ce ne sera pas la seule. Fin 1972, il passe jockey professionnel.

On le retrouve quelques semaines plus tard directeur du centre d'entraînement de Puy-Saint-Réparade, dans les Bouches-du-Rhône, loué par l'entraîneur Pierre-Désiré Allaire. Il s'y occupe notamment des chevaux d'Alain Delon. Avec le codirecteur, Bernard Froger, Imbert a alors l'estime et le respect du milieu hippique. Les journaux spécialisés qui l'interviewent le présentent comme ancien président d'une société de BTP...

Jean-Louis, son fils, monte aussi. En 1972, à Cavaillon, sur Val de Saine, Imbert junior remporte la septième course. Début 1973, au sulky de Bravo Tudor W, Imbert père termine, lui, second du Grand Prix de la Côte d'Azur.

C'est alors qu'éclate l'affaire des courses truquées. En quelques mois, la police opère un nettoyage des hippodromes. Plusieurs écuries sont passées au peigne fin. Avec d'autres entraîneurs, les Imbert sont inquiétés. En mai 1973, Jacky se voit retirer sa licence de driver-entraîneur. Un an plus tard presque jour pour jour, le 21 mai 1974, il est définitivement exclu des champs de courses.

– Ça avait pas mal surpris à l'époque, reprend le commissaire B. Car s'il est clair qu'Imbert s'est intéressé de près, en leur temps, aux combinaisons de Patrice des Moutis, nos services savaient qu'il était hostile au trucage des courses. Il souhaitait que le domaine hippique reste propre. Les hommes comme lui ont aussi leur jardin secret. Il est tombé parce que certains voulaient l'embarquer, et avaient sans doute réussi à charger son fils. Imbert junior avait dû manquer de prudence.

Interdit de champs de courses, Imbert ne décroche cependant pas vraiment du monde du cheval. Au printemps 1976, il sert d'intermédiaire entre le propriétaire d'un cheval blessé, baptisé Grandpré, et Pierre-Désiré Allaire. L'affaire se fait pour 30 000 francs. Mais en décembre, parfaitement remis, Grandpré tond littéralement les book en remportant le Grand Prix de Vincennes. La première victoire d'une jolie carrière.

Au milieu des années soixante-dix, Imbert a parfaitement installé son pouvoir. A Paris, à Marseille et sur différentes filières du grand banditisme. L'homme règne d'une poigne de fer. Mais il a rompu avec Gaétan Zampa. Entre les deux l'amitié l'a cédé à la haine. La guerre des clans fait rage.

– Nous n'avions pas grand-chose à faire sinon à compter les victimes, raconte le commissaire B. Rarement une guerre de clans avait été si meurtrière. Il faut dire qu'il y avait alors en jeu le contrôle d'une partie de la French Connection.

C'est durant ces années-là que le surnom d'Imbert se transforme. « Le Matou » devient « Le Mat ». Emprunté selon certains au patois marseillais, ce nouveau surnom lui restera à jamais.

Début 1979, « Le Mat » quitte Neuilly. S'il est en meilleure forme, sa main droite est à jamais presque paralysée.

Depuis quelques mois, à ce moment-là, le marché boursier redémarre. Doucement. Certes, au début 1979, le second choc pétrolier vient frapper les pays européens. L'inflation repart. Mais la Bourse ne s'en émeut pas. Chacun sent bien qu'une mécanique prometteuse est enclenchée : l'impact de la loi Monory se fait sentir. Sur six mois seulement, en 1978, ce sont 5 milliards de francs qui sont recueillis dans les « Sicav Monory ». 60 % du montant de ces nouveaux outils devant être investis en actions françaises, 3 nouveaux milliards de francs se portent ainsi directement sur la cote parisienne. Au regard des quelque 150 milliards de francs de capitalisation boursière, le chiffre peut paraître ridicule. Mais le « flottant » (c'est-à-dire les titres qui, n'étant pas entre les mains d'actionnaires stables, changent de mains) tourne alors autour de seulement 60 milliards. Surtout, les transactions, elles, représentent nettement moins : 16 milliards sur les actions françaises en 1977. Par rapport à ce chiffre, l'apport des « Monory » n'est plus du tout négligeable. Les cours, d'ailleurs, vont rapidement se ressaisir. Et parce que les acheteurs de Monory prennent l'engagement de maintenir leur niveau d'investissement pendant quatre ans, les professionnels comprennent vite que le mouvement qui démarre n'est pas un feu de paille. En amenant les épargnants à la corbeille, René Monory a ranimé la... spéculation. Celle-ci va se nourrir de l'apport des nouvelles Sicav, lesquelles voient leur performance progresser grâce aux investisseurs. Entre juillet 1978 et décembre 1980, l'indice CAC gagne plus de 60 %. Les cours montent, les volumes gonflent, les courtages rentrent. A l'aube de la nouvelle décennie, les agents de change sourient. Mais d'un sourire encore incertain. Car la crainte des législatives de 1978 est reportée sur la présidentielle de mai 1981. Dès décembre 1980, François Mitterrand fait jeu égal dans les sondages avec le président sortant, Valéry Giscard d'Estaing.

Or le programme mitterrandien est inquiétant. Le marché pourrait certes s'accommoder d'une relance par la consommation ; mais l'alourdissement des charges des entreprises (augmentation générale des salaires, semaine de trente-neuf heures payée quarante, cinquième semaine de congés payés) et le renforcement de la fiscalité (nouvelle tranche d'impôt sur le revenu, impôt sur les grandes fortunes), et plus généralement la condamnation « morale » du profit, ne sont guère favorables à la santé de l'indice. Et puis les agents s'interrogent : quelle sera l'ampleur des nationalisations ? Quel sera le sort de la loi Monory ?

Un projet précis, surtout, les plonge dans un abîme

d'inquiétude : celui d'une banque nationale d'investissement qui regrouperait en un seul centre nerveux l'ensemble des investissements du système bancaire français. Hors, sans institutionnels pour s'échanger des paquets de titres, que vont devenir les agents de change? Une espèce sans doute en voie de disparition...

Fort heureusement, l'idée de cette banque nationale n'existe que dans le « Projet socialiste » du PS; elle n'est pas reprise dans les cent dix propositions du candidat à la rose. Reste que les membres de la Compagnie font grise mine.

En 1974, seuls deux d'entre eux, à Paris, avaient clairement affiché leur préférence pour François Mitterrand : le fils d'un ancien syndic; et un autre, cousin des frères Riboud : Antoine, le patron de BSN, et Jean, celui de Schlumberger, figures de l'industrie française et intimes du leader socialiste. Sept ans plus tard, les partisans du candidat de la « force tranquille » ne sont, autour de la Corbeille, qu'à peine plus nombreux. Loin s'en faut! Début 1981, le bal que donne la Compagnie pour le Congrès mondial des bourses de valeurs, dans la galerie des Batailles du château de Versailles, apparaît à plus d'un comme le chant du cygne de la profession. Pour empêcher l'élection du candidat socialiste, la Bourse doit voter pour l'homme politique qu'en face, elle abhorre le plus. Cornélienne ironie. Pour éviter le pire, les agents doivent aider celui qui, malgré les récentes initiatives, continue pour eux de figurer le mal.

Las! Avec 28,3 % des voix au soir du 26 avril, Valéry Giscard d'Estaing est en mauvaise posture. Et l'entre-deux-tours ne lui laisse guère d'espoir. La dynamique n'est pas de son bord. Dans la semaine qui précède le 10 mai, pourtant, la Bourse veut croire à ce que l'un des barons du candidat-président a baptisé l'effet de l'isoloir : les Français, dans un ultime accès de bon sens, vont se ressaisir. En cinq séances, l'indice gagne plus de 4 %. Certains y voient un bel augure; d'autres, un manque complet de sens politique de la communauté financière, ce qui, il est vrai, n'a jamais été son fort; sans doute l'intervention massive sur le marché des grands institutionnels sur ordre de la rue de Rivoli afin de soutenir le moral du Palais Brongniart a aussi joué son rôle.

Ce dimanche soir, à 20 heures, devant sa télévision comme des millions de Français, Louis Baudouin découvre l'image qui restera fameuse, cent fois reproduite : à coups de lignes horizontales qui, une à une, traversent l'écran, les traits du visage de François Mitterrand se dessinent en quelques secondes. A sa troisième tentative, celui qui n'est encore que le fédérateur de la gauche, l'emporte avec 51,76 % des suffrages sur son rival. Le résultat était attendu; il surprend tout de même. Sur les plateaux des chaînes de télévision, les Français découvrent les visages d'hommes politiques familiers tels qu'ils ne les ont encore jamais vus. Consternation du côté des sortants. Jubilation chez les lieutenants du nouvel élu. Une inversion de rôles presque irréaliste. Tout comme ces images du concert-fête faussement impromptu de la Bastille que la télévision retransmet en direct, et qui pour quelques instants, et malgré l'orage, donnent aux plus lyriques des fidèles du vainqueur des accents de révolutionnaires sud-américains fraîchement sortis de geôle. « Ce qui vient d'arriver ce soir est pour la France le passage de la nuit à la lumière », déclare tout simplement Jack Lang.

Vers 23 heures, depuis la mairie de Château-Chinon, dans la Nièvre, le nouvel élu prononce le traditionnel message de remerciements. Morceau de choix de la prose mitterrandienne, version romantique : « Ma pensée va en cet instant vers les miens aujourd'hui disparus dont je tiens le simple amour de ma patrie et la volonté sans faille de servir [...] Des centaines de millions d'hommes sur la terre sauront ce soir que la France est prête à leur parler le langage qu'ils ont appris à aimer d'elle. »

Yves Flornoy et Louis Baudouin sont convenus de se téléphoner. Le syndic n'ayant pas bougé, c'est Louis Baudouin qui appelle son vieil ami.

– C'est fait! commente simplement le syndic. Il faut maintenant attendre les législatives pour savoir quelle sera sa marge de manœuvre et donc la politique suivie.

– Il est fortement question de ministres communistes...

– Sans doute pas avant les législatives. Mais en tout cas demain, cela va secouer, conclut Yves Flornoy. Il va falloir être en forme! On va perdre 10 à 15 % dans la semaine... au moins! Bonne nuit, cousin!

– Bonne nuit!

Les 10 % seront perdus dès la première journée. La panique est totale en ce lundi 11 mai. Dès tôt le matin, les ordres de ventes ont afflué dans les charges, venant de partout. Les « nationalisables » sont prêtes pour le bradage : Saint-Gobain-Pont-à-Mousson, la Compagnie générale d'électricité, Pechiney-Ugine-Kuhlmann, Rhône-Poulenc, Avions Marcel Dassault. Quand ils se retrouvent autour de la corbeille, vers midi et demi, visages défaits et regards anxieux, les agents savent déjà : les ordres, infiniment plus nombreux que d'habitude, sont tous dans le même sens. La dégringolade peut commencer! Un véritable cataclysme. Dans un brouhaha infernal, où certains cèdent à la panique, la quasi-totalité des valeurs ne peut être cotée. Sauf *« le Pinay »!* En cours de séance, Jacques Delors, figure rassurante de l'entourage de François Mitterrand (le candidat a placé l'ancien conseiller de Jacques Chaban-Delmas à Matignon en bonne place sur ses affiches électorales), intervient en direct sur Europe 1 : « Ce sont des gros porteurs qui vendent et ils compromettent les intérêts des épargnants... » Le futur ministre de l'Économie sait qu'il dit faux. Car les ordres sont là. Les étrangers, depuis Londres, New York et même Tokyo, liquident leurs positions sur Paris ; la province fait de même ; la clientèle parisienne, aussi... Quelques instants, les « zinzins », les investisseurs institutionnels, tentent de tenir le marché. Impossible ! La Caisse des dépôts et consignations lâche prise. On peut être le gendarme officiel, on n'en a pas moins un minimum de règles de bonne gestion à respecter. Or résister dans une telle ambiance serait pure folie. Les zinzins laissent donc faire. Ils rachèteront quand le marché aura « purgé ».

Et il purge ! Suspension le lundi, suspension le mardi, reprise timide de quelques cotations le mercredi. Le jeudi, la baisse depuis le début de la semaine est d'environ 20 %. Certaines valeurs ont perdu trois fois plus. Parmi les nationalisables, Matra, Thomson-Brandt, Paribas ont perdu 30 %... Un véritable cauchemar !

La chute est d'autant plus brutale que, quelques jours avant l'élection de François Mitterrand, le marché était proche de son plus haut niveau historique. La situation est précisément symétrique à celle de 1978 : les législatives, cette année-là, étaient survenues à l'issue d'une période de forte baisse déclenchée par la victoire de la gauche aux municipales de 1977.

Or le séisme de 1981 est à double secousse ! Les législatives de juin envoient un raz de marée socialiste à l'Assemblée. A ceux qui rêvaient que le pays, dans un savant dosage, équilibrerait les pouvoirs, la « vague rose » est une réponse cinglante. Sûrs d'eux, doctrinaires à l'envi, une multitude de profs et de fonctionnaires barbus, quasi inconnus, seconds couteaux du PS, débarquent dans l'hémicycle du Palais Bourbon, sûrs que le grand jour est arrivé, que l'heure du changement est là, que le destin se trouve à portée d'amendement.

Les agents de change en sont tout aussi persuadés. Mais, à l'inverse, cela ne les réjouit guère. Leur moral est comme la Bourse, déconfit. Les plus optimistes osent espérer que l'alternance ne sera qu'une parenthèse. Mais la plupart rappellent qu'on n'a jamais vu un parti communiste quitter un gouvernement après y être entré. Or pour la première fois depuis 1947, les communistes français sont au gouvernement! Alors...

L'ambiance est délétère. Dès juillet 1981, sans en avertir le syndic Flornoy, cinq agents se rendent directement chez Jacques Delors, le nouveau ministre de l'Économie, pour réclamer purement et simplement... la nationalisation de la profession. Ou une indemnisation puisque, c'est sûr, le métier d'intermédiaire boursier va disparaître ou tout au moins péricliter. N'assure-t-on pas un peu partout que les nouveaux maîtres abhorrent la spéculation, que le gouvernement va nationaliser, que les revenus du capital vont être lourdement taxés, en un mot que la Bourse est peu ou prou, à terme, inexorablement condamnée?

Ils se trompent lourdement. Mais nul ne peut alors le savoir. Et deviner que, quasi défunte, la Bourse va alors traverser ses plus belles heures de l'après-guerre. Passant à sa façon, mais elle pour de vrai, « de la nuit à la lumière ».

La grande déprime de 1981 avait une cause politique. Le krach d'octobre 1987 sera d'origine technique. De l'un à l'autre, l'angoisse face à la chute des cours, aussi intense, a changé de nature. Car entre-temps, ce qui était prévu ne s'est pas réalisé. Loin s'en faut! Le changement de 1981 n'a finalement pas été celui qu'on attendait. Après avoir approché le trépas, la Bourse a traversé ses plus belles années. Et de beaucoup! L'indice multiplié par quatre et demi, les volumes traités multipliés par douze, les augmentations de capital passant de quelques centaines de millions à plusieurs milliards de francs, les courtages et autres commissions explosent.

Le Palais Brongniart a donc connu une période flamboyante. Ceux-là mêmes qui devaient l'éliminer se sont révélés ses plus ardents promoteurs. Faisant tout – ou presque – pour le renforcer, libérant les règles, multipliant les produits, créant de nouveaux marchés, aidant à la modernisation des techniques. A l'arrivée, la Bourse de 1986 n'a plus grand-chose à voir avec celle de 1981.

Au côté des traditionnelles actions et obligations, toute une série de produits nouveaux se sont banalisés : actions et obligations convertibles, bons de souscriptions d'actions ou d'obligations... L'imagination a fait le reste. On a combiné ces différents instruments pour aboutir par exemple à des ACBSA, actions convertibles à bons de souscriptions d'actions, mais aussi des ORCA, ABSO...

Parallèlement de nouveaux marchés ont ouvert. D'abord simple : le second marché accueille depuis début 1983 des PME et PMI performantes. Près de 400 sociétés y sont cotées en 1986. Un formidable succès! Le second marché est la réponse imaginée par le syndic Flornoy pour pallier la baisse du volume d'affaires engendrée par les nationalisations de 1982 qui avaient sorti de Bourse quelques-unes des plus belles valeurs de la cote.

Mais Paris a aussi pris le vent de la modernisation internationale. En février 1986 débute le MATIF, le marché à terme d'instruments financiers, qui est aux obligations ce qu'un marché à terme classique est aux marchandises : un moyen de s'assurer contre les variations de cours. Sur les marchés de marchandises, les prix évoluent en fonction de différents éléments : climat, quantités, qualité... Le prix des obligations varie, lui, en fonction de l'évolution des taux d'intérêt. Or les entreprises ont de gros engagements en obligations. Soit parce qu'elles sont endettées; soit parce que, au contraire, elles ont investi des liquidités en obligations. Elles doivent donc pouvoir se garantir contre les fluctuations des taux.

Sur le MATIF, un produit fictif, baptisé « notionnel », représente la moyenne d'un « panier » de huit emprunts d'État. Le notionnel est ainsi une obligation théorique qui rapporte du 10 % sur dix ans. Il est acheté ou vendu par les opérateurs. Et son cours, à partir de l'indice 100, évolue symétriquement à la variation des taux d'intérêt. Si ceux-ci sont au-dessus de 10 %, le notionnel cote en dessous de 100 car il rapporte moins que les obligations alors offertes par les émetteurs. Si au contraire les taux d'intérêt baissent en dessous de 10 %, le cours du notionnel monte car il rapporte plus que les obligations que propose le marché.

Tous les trois mois, le notionnel vient à échéance. A ce moment-là, le vendeur doit livrer des titres réels du « panier ». Selon l'évolution des taux, l'acheteur ou le vendeur a perdu ou gagné.

Système « d'assurance » en quelque sorte, le MATIF est aussi un formidable outil de spéculation. Son succès sera immédiatement immense. En un an à peine, le MATIF se place au troisième rang mondial des marchés de « futures » : derrière Chicago et Tokyo, mais devant Londres... Un an plus tard, c'est le Monep, le marché d'options négociables sur actions qui voit le jour.

Surtout, en même temps que ces marchés officiels, structurés, garantis par des autorités de tutelle, se mettent en place entre professionnels, des marchés dits de « gré à gré », protégés seulement par la bonne foi des opérateurs. Et au développement également spectaculaire.

Une révolution au pas de charge pour les agents de change. D'autant que l'apparition de ces nouveaux métiers se double de la mise en place de nouvelles techniques : informatisation à outrance, gestion sophistiquée assistée par logiciels, et cotation en continu sur écrans d'ordinateurs. Alors que jusqu'en 1982, la séance ouvrait à midi et s'achevait à 14 h 30, elle s'est progressivement allongée, pour faire face à l'explosion des années 1984-1986, tant les ordres devenaient nombreux, durant fréquemment jusqu'à 16 heures et parfois 17 heures.

Cela n'a pas encore suffi : aussi a-t-on conçu le marché en continu. Sans plus se déplacer au Palais Brongniart, les opérateurs des « salles de marché » affichent directement sur écrans les conditions et volumes qu'ils demandent ou proposent sur les valeurs. De 10 heures à 17 heures. Le téléphone s'est ainsi substitué aux gestes des commis. Les meilleures charges sont en contact tant avec Paris que Londres, New York, Tokyo et les autres places. Pour plus de sécurité, des « boîtes noires » enregistrent les conversations : ainsi un ordre, une transaction, un « deal » ne peuvent-ils être contestés une fois passés. Les investissements de certaines charges se chiffrent par dizaines de millions de francs.

L'univers de la Compagnie se transforme radicalement. En deux années à peine, les effectifs doublent : il y a, en 1987, plus de 6 000 salariés dans les charges. Pour faire face à l'explosion des volumes et gérer nouveaux produits et nouveaux marchés, les agents ont recruté à tout va : c'est l'heure des « golden boys », diplômés des DESS de finance ou de gestion, passionnés des marchés financiers, en action presque jour et nuit,

« spielers » (joueurs) le plus souvent solitaires, qui voient les courbes du marché comme les données d'un kriegspiel, pour lesquels chaque journée est une nouvelle bataille, qui gèrent des dizaines de millions de francs, gagnent ou perdent, sur des « écarts », en quelques secondes, se « refont », chutent et se relancent en aussi peu de temps, et flambent, flambent... A l'instar de toute la cote : poussées par le mouvement international de croissance des Bourses et de hausse des cours, par la multiplication des OPA, les offres publiques d'achat, des OPE, les offres publiques d'échanges, par les cessions de « blocs » et par l'attrait nouveau que suscitent des entreprises ayant recouvré une bonne santé financière et des ambitions industrielles, les différentes valeurs se mettent tour à tour en vedette. Le Palais Brongniart devient une scène, où de concert se jouent plusieurs scénarios empruntant tantôt aux échecs, tantôt au polar ou encore au western, les différents styles se mêlant parfois, et où des paris financiers ou industriels se tentent à coups de centaines de millions et parfois de milliards.

Les promoteurs du marché lorgnent les grandes places anglo-saxonnes. Et Paris emprunte ainsi à Wall Street, à Chicago et à la City londonienne. Dans les techniques de marché comme dans les comportements. Dans le parking du Palais Brongniart, les Ferrari Testarossa, BMW, Porsche et autres Jaguar se multiplient. Certains fondés de pouvoir, en quelques années, amassent plusieurs dizaines de millions de francs. A côté des habitués du marché, au cuir épais, toute une série d'opérateurs se découvrent une âme de nouveaux riches : Saint-Trop', le Cap-Ferrat, le rocher de Monaco, Val-d'Isère voient débarquer chaque week-end des « golden boys », plus ou moins jeunes, en quête du bronzage qui sied à leur style de vie. Noria de jets et d'hélicoptères. A l'heure où Édouard Balladur, le très détaché ministre de l'Économie de Jacques Chirac, en appelle à l'actionnariat populaire, la Bourse, comme la pub ou l'informatique quelques années plus tôt, crée sa caste de nouveaux riches, fiers, arrogants. La « planète financière » gonfle...

Tous les agents de change ne suivent pas. Si certains tirent le char de la modernisation, d'autres sont largement réticents. Car les nouveaux métiers, qu'ils maîtrisent souvent mal, imposent de plus en plus de capitaux, de fonds propres importants. Ce que les charges, affaires familiales, n'ont que rarement. Et chacun sent bien qu'à terme, cette folle cavalcade met en cause la structure même du marché parisien.

Et c'est dès début 1987 qu'Édouard Balladur lance la réforme clé : les agents de change disparaissent, les charges deviennent des sociétés de Bourse, les banques et autres institutionnels peuvent à compter de 1988 entrer dans leur capital. Une aubaine pour certains; un crime pour d'autres... Mais qu'importe! Tant que le marché explose, les banques sont prêtes à payer cher, très cher, l'accès au marché boursier. Et certains agents sauront saisir l'aubaine.

Le krach du 19 octobre, cassant l'euphorie ambiante, remet en cause les négociations qui étaient en train de se nouer. Car face à ce que beaucoup prennent d'abord pour un *remake* de 1929, la chevauchée fantastique s'arrête soudainement. Les professionnels sont KO debout. Le réveil est d'autant plus cruel que la fête a été étourdissante. En quelques semaines, l'ambiance change. Les entreprises deviennent plus méfiantes, les institutionnels plus regardants. Quant aux agents, ils se retrouvent au milieu du gué. Les chiffres d'affaires en chute libre risquent de ne plus permettre de financer les très lourds investissements et de payer les équipes.

Il n'est pas encore question de trous, de malversations ou de scandales, mais ceux-ci ne vont pas tarder.

Car les problèmes, qui se réglaient à l'amiable tandis que l'indice « boomait », deviennent plus compliqués. Dans un marché tendu, les conflits deviennent irréductibles. On découvre alors que, parmi les nouveaux venus, beaucoup sont arrivés avec des intentions plus ou moins honorables. Opérateurs douteux, et aussi remisiers : en quelques années, ceux-ci sont passés de 100 à 500 environ. Officiellement parrainés par des charges auxquelles ils apportent des affaires, c'est-à-dire des clients, ils sont censés être surveillés par la Chambre syndicale des agents de change. Mais celle-ci, qui ne s'est jamais vraiment préoccupée de surveiller les intermédiaires, ce qui risquerait de gêner l'activité des charges, a distribué des cartes de remisier à tout va et ne contrôle rien.

Avec le recul, chacun s'aperçoit que la croissance s'est faite dans une ambiance pour le moins souvent nauséabonde : le règne de la commission et du pourcentage. Les différents intermédiaires entre le client final et l'intervention sur le marché, prennent tous au passage leur commission. Tel contact qui apporte dans telle charge à tel fondé la gestion de tel fonds de retraite, touche son pourcentage, tout comme l'opérateur qui donnera les ordres, celui qui les exécutera, etc. Le marché se paye sur la bête et « spiele », c'est-à-dire joue pour son propre compte. Tel trader qui reçoit un gros ordre d'une Sicav, voyant que le cours du titre concerné va monter, prend soin, avant d'exécuter l'opération, d'acheter pour son propre compte la valeur en question. Aux côtés des traditionnelles transactions, les « nouveaux marchés », MATIF et Monep, offrent eux des possibilités de gains multipliées aussi rentables que sophistiquées et surtout, très délicates à contrôler.

C'est ce tourbillon enivrant que vient brusquement stopper le krach. Chez Baudouin comme dans toutes les autres charges.

Jacqueline Baudouin avait vécu la grande frayeur de 1981 depuis son appartement de Neuilly. Six ans et demi plus tard, c'est depuis la charge que la femme de l'agent de change vit les folles journées du krach d'octobre 1987. Au milieu des opérateurs, parmi les équipes, à l'écoute, comme eux, des moindres soubresauts de Wall Street, d'une tension soudaine sur les taux d'intérêt et des mille et une rumeurs qui viennent alors émailler l'activité du Palais Brongniart.

Car, depuis un an maintenant, Jacqueline Baudouin travaille rue de Provence. Installée dans le même bureau que son mari, face à lui. Et depuis quelques semaines en cet automne 1987, Jacky Imbert, son ami, est lui aussi dans les murs. Non pas rue de Provence, mais dans d'autres locaux que la charge loue depuis peu, dans un immeuble de la rue Sainte-Anne, entre le Palais-Royal et le Palais Brongniart.

5.

La rue de Provence

– La voilà!

En ce lundi matin d'octobre 1986, d'un bureau de la rue de Provence, deux hommes regardent par une fenêtre la petite Fiat verte de Jacqueline Baudouin se garer dans la cour de l'immeuble au côté de la BMW de l'agent de change. Tailleur vert foncé, cheveux noirs en chignon, gestes brefs et démarche décidée, Jacqueline pénètre dans le hall pour gagner au troisième étage le bureau de son mari.

« La femme de Baudouin va venir travailler à la charge! » Sans que personne y croie vraiment, la rumeur, depuis quelques semaines, courait. Une femme d'agent dans une charge? C'est un événement! D'autant que Jacqueline Baudouin, « Madame Deuxième », comme certains l'appellent place de la Bourse, n'a pas vraiment le style de la Compagnie!

Quelques instants, les deux hommes se font face, silencieux, dubitatifs. Michel Deloison et Thierry Bergeron sont deux des quatre fondés de pouvoir de la charge Baudouin. Arrivés tous deux en 1970, le premier d'une banque, le second de la charge de Pierre Alphen, ils sont depuis de longues années les plus proches collaborateurs de Louis Baudouin.

Michel Deloison, au Palais Brongniart, est une personnalité. Membre du conseil municipal de Neuilly-sur-Seine, où il siège aux côtés notamment des banquiers Jean-Marc Vernes et Antoine Dupont-Fauville, adjoint au maire chargé des questions de sécurité et de circulation, il a souvent été reçu au domicile de l'agent de change. Thierry Bergeron, fondé de pouvoir depuis 1972 – il avait alors vingt-huit ans –, est un obligataire de bonne renommée dans la profession. En 1984, il a passé et réussi l'examen d'agent de change.

Pour tout le monde sur la place, il est clair que Thierry Bergeron est, chez Baudouin, « le candidat de la Chambre syndicale ». Dans l'univers du Palais Brongniart, la formule est une espèce de sésame. Elle désigne les hommes que les dirigeants de la profession souhaitent voir succéder à un titulaire cédant sa charge. Pour tout candidat, l'appui de la Chambre est une condition *sine qua non.*

Au vrai, la position de Thierry Bergeron est classique. De la même façon que les héritiers d'une charge sont le plus souvent fondés avant de devenir agents, inversement, nombreux sont les fondés de pouvoir, titulaires de l'examen d'agent de change, à attendre de récupérer une charge sans héritier pour « monter » à leur tour.

Thierry Bergeron, après dix-sept années passées chez Baudouin, peut légitimement espérer. N'est-ce pas sur le conseil d'un adjoint du syndic qu'il a passé l'examen d'agent de change? Et il ne fait pas mystère de ses ambitions : depuis quelque temps déjà, il explique aux salariés qu'il recrute qu'il est le probable « prochain titulaire ». C'est aussi comme « successeur » qu'il se présente en 1986 aux responsables de la toute nouvelle CCIFP, la Chambre de compensation des instruments financiers de Paris, l'organisme de contrôle du MATIF.

Traditionnellement, un fondé était désigné davantage en raison de l'épaisseur de son carnet d'adresses que sur le critère de compétences techniques ou financières spécifiques. L'examen de fondé, comme celui d'agent, restera longtemps succinct. Le fondé n'avait qu'une mission : transformer en clientèle son important réseau de relations.

Mondanités, dîners, réceptions : ces espèces de « directeurs généraux » vivaient sur le même mode que les agents. Un ton en dessous cependant! On jouait au tennis plutôt qu'au golf. Au Lavandou ou au Lubéron, on préférait, plus discrets, la dune du Pyla ou le bassin d'Arcachon. De la même façon se devait-on, fondé, de rouler dans une voiture de prestige inférieur à celle du titulaire. Dans la hiérarchie sociale soigneusement ordonnée et finalement rassurante du Palais Brongniart, chacun, longtemps, s'efforcera de tenir son rang. Juste son rang.

Certaines charges, cependant, doivent leur réussite à leurs fondés. Dans plusieurs cas bien connus, ce sont eux qui feront tourner les boutiques de titulaires plus assidus à goûter les joies de distractions nombreuses qu'à s'acharner sur les évolutions de la cote.

Ce trait ira d'ailleurs en s'épaississant : lorsqu'il n'y avait qu'un seul agent par charge, au moins devait-il être chaque jour à la séance pour « tenir son carnet ». Avec les rapprochements, certains associés seront plus souvent au Tir au Pigeons, au Racing, à l'Interallié ou encore à « l'Auto », l'Automobile Club, qu'à la corbeille.

L'explosion des années quatre-vingts bouleversera l'ordre de la Compagnie. Le marché se compliquant, la place verra arriver des financiers aguerris, spécialistes de techniques et de produits, réclamant effectivement des capacités de haut vol. Certains fondés monteront alors en première ligne.

Apporteurs d'affaires ou « hommes de marchés », dans ce monde où, malgré le détachement affecté par tous, chaque franc compte, les fondés ont toujours vu leur importance reconnue de la façon la plus probante qui soit. Dans presque toutes les charges, la répartition des bénéfices en fin d'exercice se fait, depuis la guerre, sur le même mode, particulièrement simple. Un premier quart du résultat final est distribué aux actionnaires de la charge; un second quart va aux salariés; un troisième est partagé entre les fondés de pouvoir tandis que le dernier revient au titulaire.

Bien entendu, le résultat final s'entend après versement des salaires aux différentes parties présentes au partage : beau, voire très beau traitement pour l'agent de change; émolument confortable, voire vraiment coquet pour les fondés; chiffres plus chichement calculés, à vrai dire, pour la piétaille de la Compagnie, commis et autres personnels.

Aussi les fondés, dans le milieu des années quatre-vingts, rémunérés au fixe et à la commission, vivent bien, et parfois très bien. Certains ne cachent pas avoir, en quelques années, amassé de véritables petites fortunes. Parfois même de très belles. Mais pour les anciens, l'argent n'est pas tout. Le prestige compte encore. Or, un fondé n'est pas patron de charge. Et au fond de lui-même, tout titulaire de l'examen d'agent de change espère fermement « monter » un jour à la corbeille.

Thierry Bergeron sait parfaitement tout cela. Bien qu'il s'en défende, ce petit-fils de fondé de pouvoir rêve lui aussi d'une charge. Il est de ceux qui, au Palais Brongniart, connaissent, mieux que les titulaires eux-mêmes, chacun des devoirs, des droits, chacune des prérogatives attachées au titre d'agent de change. Aussi l'arrivée de Jacqueline Baudouin constitue-t-elle pour lui un obstacle. Mais qu'importe! Cet homme grand et maigre, à la barbe soigneusement taillée, au regard bleu, au phrasé lent et méticuleux, « un look de capitaine Nemo », dit un de ses proches, a les nerfs solides. Surtout, il sait pouvoir compter sur l'appui de la Chambre syndicale. Et nul n'imagine que celle-ci puisse supporter longtemps la présence de Jacqueline Baudouin rue de Provence.

Jacqueline s'en rend-elle compte? En s'installant à la charge, sans doute ne mesure-t-elle pas d'entrée combien elle indispose la Compagnie. Plus tard, s'en apercevant, elle concevra sa présence comme un défi. Comme un face-à-face, un combat. Elle contre eux. Eux, ceux de la Chambre syndicale, Xavier Dupont, Régis Rousselle, Philippe Cosserat et les autres. Eux, qui cherchent à trouver, à imposer un successeur à Louis Baudouin. Elle, luttant par tous les moyens contre ce qu'elle vit comme une dépossession.

Car en ce mois d'octobre 1986, c'est à la demande de Georges-Alain Baudouin que Jacqueline Baudouin vient rue de Provence. A trente-trois ans, l'unique fils de l'agent de change travaille depuis dix ans à la charge. Il en est, lui aussi, fondé de pouvoir. Peut-être Louis Baudouin a-t-il quelque temps espéré passer un jour le relais à son fils. Mais, et l'intéressé le reconnaît clairement, Georges-Alain n'a pas vraiment le goût des choses boursières. Ni sans doute la fermeté nécessaire à la direction d'une charge. En tout cas, il manquera l'examen d'agent.

Aujourd'hui associé dans une affaire d'immobilier avec le gendre du baron Édouard Empain, Georges-Alain Baudouin se souvient :

– Depuis quelque temps, le syndic, Xavier Dupont, me convoquait régulièrement à la Chambre pour m'expliquer qu'il fallait préparer la succession de mon père et que n'étant pas titulaire de l'examen d'agent de change, je ne pouvais pas y prétendre. Mais qu'il y avait des gens dans la charge...

De fait, à soixante-dix ans, Louis Baudouin est fatigué. Face à l'explosion des techniques et des produits, l'agent a besoin d'être assisté. Bien placée sur le marché obligataire, la charge Baudouin ne prend cependant pas le virage de la modernisation : pas d'introduction sur le second marché, opérations pourtant rentables que la plupart des charges s'arrachent, peu ou pas de politique commerciale, pas de démarchage de nouvelle clientèle, faibles investissements sur les nouveaux marchés.

Certes, les chiffres de 1986 (100 millions de CA et 12 millions de résultat net) sont les plus brillants jamais enregistrés rue de Provence, mais alors que la place est en train de faire fortune et que la profession est en plein bouleversement, la charge Baudouin n'est pas vraiment dans le coup.

– Je m'en suis rendu compte simplement, explique Jacqueline Baudouin. Je voyais partout, dans la presse et ailleurs, j'entendais par nos relations que le marché explosait, que l'activité n'avait jamais été aussi bonne, que tout le monde était en train de faire plus ou moins fortune. Et mon mari, lui, n'en profitait pas. Ses revenus, son train de vie n'augmentaient pas à la mesure de ce que me paraissait être l'état du marché. J'ai voulu en avoir le cœur net.

Le cœur net ?

Peu de temps avant que Jacqueline Baudouin ne devienne, ce sera son titre, « chargée des relations publiques » de la charge, Régis Rousselle, le futur président du Conseil des Bourses de valeurs, l'homme qui succédera à Xavier Dupont, se voit, comme adjoint au syndic, confier une mission au sein de la charge Baudouin.

A trente-huit ans, Régis Rousselle n'a pas un cursus classique dans la profession. Diplômé de l'École centrale des arts et manufactures, d'abord ingénieur informaticien à la Chambre syndicale des agents de change, puis P-DG d'une société d'informatique, Finance Engineering, de 1974 à 1981, en même temps qu'il était gérant obligataire chez Meeschaert, il n'est agent que depuis 1981 seulement, et patron de charge depuis deux ans à peine. Bien que Meeschaert-Rousselle soit la plus grosse entité de la place, Régis Rousselle apparaît davantage comme un homme d'appareil que comme un boursier traditionnel. Brillant, réservé, sérieux, ce travailleur acharné est quelque peu craint. Mais aussi respecté, car ses confrères sentent bien, même si certains le regrettent, que c'est ce style de personnage qui peut mener à bien la mutation de la profession.

En août 1986 donc, la mission de Régis Rousselle à la charge Baudouin commence. L'adjoint de Xavier Dupont se déplace à la suite d'une demande de la COB, laquelle a été « alertée par l'importance des opérations de certains traders de la charge ». Cette première mission expire fin octobre 1986. Au moment précis où, depuis quelques jours, Jacqueline Baudouin est installée rue de Provence. C'est à ce moment clé que Régis Rousselle rédige un premier « compte rendu de mission », confidentiel, particulièrement éloquent.

Qu'y lit-on?

Au paragraphe 4, intitulé « Situation générale de la charge », le rapporteur examine la « situation de gestion ».

« Elle est inquiétante.

Le titulaire est trop fatigué pour prendre correctement des décisions. Tout le monde en profite plus ou moins. La situation salariale des fondés de pouvoir est trop belle par rapport aux responsabilités qu'ils exercent.

Ils n'ont plus, dans bien des cas, de pouvoir sur le personnel de la Charge, soit en raison de leur comportement personnel, soit en raison d'arbitrages rendus par le titulaire en leur défaveur quand des problèmes les opposaient au personnel, en particulier aux commerciaux.

Le contrôle des opérations des commerciaux, leur maintien dans des proportions n'a donc pu se faire (sic). *Fondés de pouvoir mais surtout titulaires en sont responsables. Les commerciaux ont des champs d'autonomie trop grands.*

Le laxisme s'est installé largement : recrutement par " copinage ", règlement des dépenses personnelles par frais généraux semblent s'étendre.

Les résultats d'exploitation de la Charge ne sont pas à la hauteur de l'activité actuelle par excès de charges et manque de rigueur de gestion. Il semble que quelques mois de l'été 1986 aient été déficitaires... ce qui est un exploit! C'est une charge qui subirait très vite des pertes d'exploitation en cas de retournement de conjoncture. Elle a trop peu de capitaux propres pour ne pas engager la solidarité collective de la Compagnie. »

Le constat dressé par Régis Rousselle est pour le moins sévère. En tout cas, il décrit l'ambiance que trouve Jacqueline Baudouin quand elle arrive rue de Provence. A ce moment-là, Xavier Dupont propose un successeur à Louis Baudouin : un fondé de pouvoir d'une des charges les plus en vue de la place. Jacqueline Baudouin demande à réfléchir. Mais, lui dit-on, il faut se décider vite. Dans les quatre mois...

Depuis plus de quinze années, Jacqueline Baudouin a entendu parler de Bourse. Elle sait depuis toujours qu'une charge peut être une affaire rentable, voire très rentable. Elle sent depuis 1983 que les chiffres en cause ont changé de proportion. Aussi n'est-il pas question, pour elle, de voir son mari passer la main!

Ce qui, justement, a failli arriver quelques mois plus tôt. En mai-juin 1986, l'un des gendres de Louis Baudouin, Christian Rodié, est approché par la Chambre syndicale pour succéder à son beau-père. Diplômé de l'École centrale de Lyon, directeur dans une importante société de produits pharmaceutiques, il étudiera quelque temps la possibilité de devenir agent de change. Sans trop d'envie ni de conviction. Christian Rodié ne viendra que de rares fois à la charge, conscient de la double opposition qu'il y rencontre. Et que Régis Rousselle, toujours dans son compte rendu de mission d'octobre 1986, décrit :

« Durant les trois mois de la mission, il était prévu que l'assemblée des porteurs de parts de la Charge approuve les comptes de l'exercice de 16 mois se terminant en avril 1986 et qu'elle approuve sa transformation en SA dans la perspective d'une candidature de M. Rodié à la succession de son beau-père. Le dernier exercice de commandite devait permettre de doter les réserves de manière suffisante à assurer à la charge de satisfaire aux 7,5 millions de francs de capitaux nécessaires à sa présence sur le MATIF.

Tout a capoté! »

Pourquoi? Régis Rousselle répond à la question. D'abord en raison de l'opposition des proches de l'agent de change :

« L.B., sur la pression de son fils et surtout de son actuelle épouse, a renoncé à transformer la charge en SA évacuant par la même occasion la candidature de son gendre. »

Puis, l'adjoint au Syndic continue :

« Les comptes ne sont pas approuvés par suite d'un contentieux déclenché par M.D. [1] *sur le calcul de sa participation aux résultats. On remarquera que c'était M.D. qui était chargé, en tant que fondé de pouvoir, d'établir les comptes de la Charge. On peut s'étonner qu'il ait fait valoir son désaccord si tardivement alors qu'il était parfaitement au courant de la situation. On remarquera aussi que le titulaire semble prêt à accepter les réclamations de M.D. On peut pourtant s'étonner des rémunérations tant fixes que variables de M.D. dont le temps de présence à la charge est très faible. On remarquera enfin que, si les comptes sont refaits en donnant satisfaction à M.D. et par conséquence en distribuant aux autres fondés de pouvoir et à l'ensemble du personnel des compléments d'intéressement par rapport à ce qui était prévu, la dotation aux réserves sera insuffisante pour satisfaire les exigences sur le MATIF. »*

En bloquant eux aussi le passage de la maison Baudouin en société anonyme, les fondés de pouvoir, comme Jacqueline Baudouin, font donc le nécessaire pour empêcher que la charge ne revienne à quelqu'un de l'extérieur.

Union tactique et purement provisoire. En cette fin 1986, Michel Deloison et surtout Thierry Bergeron, qui connaît bien Régis Rousselle, sont bien convaincus que la Chambre syndicale va accélérer les choses : obliger Louis Baudouin à passer la main ou, au moins, contraindre son épouse à quitter la charge.

– Fin 1986-début 1987, raconte Thierry Bergeron, la position de la Chambre syndicale était simple. La

1. Dans ses rapports, la Chambre syndicale ne cite généralement pas en entier le patronyme de la personne dont elle parle mais selon sa fonction, ses initiales ou les trois premières lettres de son nom.

Compagnie avait peur que cette histoire, l'arrivée de Jacqueline Baudouin, ne soit montée en épingle. Et on me disait : patiente, accroche-toi, cela ne durera pas longtemps...

L'existence est faite de conflits où les gens qui s'opposent, ont chacun, pour justifier leur position, des arguments logiques, cohérents, irréfutables. L'affrontement en est alors d'autant plus brutal. Celui entre Jacqueline Baudouin et les fondés de pouvoir de son mari était inévitable.

Dans un premier temps, la nouvelle « chargée des relations extérieures » de la charge Baudouin prend ses marques. Quelques recrutements, quelques initiatives en matière de décoration. Rien de très spectaculaire, sinon l'obtention auprès de son mari de réajustements dans la grille des salaires. Mme Baudouin sait se faire apprécier.

Dans une charge aux rouages figés depuis de longues années, sa présence, avant d'agir comme une tornade, est un bol d'air frais. A cette femme qui sait user de la gamme complète des humeurs, capable d'être chaleureuse, aimable, touchante, simple, presque fragile, les gens viennent se livrer. En confiance. D'autant que Jacqueline Baudouin trouve souvent les bons gestes : périodiquement, elle invite une équipe à dîner dans un excellent restaurant; elle pense aux anniversaires; de temps à autre, elle a une petite attention, et adresse souvent le mot juste. Avec sincérité.

Mais, parce que cette femme hors du commun peut aussi se montrer soudainement dure, froide, sèche, volontiers humiliante, et qu'elle est l'épouse de « Monsieur Baudouin », chacun compte aussi avec ses directives.

Un drôle d'alliage. Tantôt autoritaire et tantôt sympathique, tantôt hostile et tantôt conciliante, Jacqueline Baudouin intrigue, surprend, fascine. Elle le sait, et en joue. Il est important, pour elle, de se faire accepter, non par les fondés de pouvoir, mais par les salariés de la charge. Et de s'imposer. Dans le même temps, elle apprend, assimile. Et découvre.

En arrivant rue de Provence, Jacqueline croit trouver une « belle affaire ». Au rendement classique. En quelques semaines, elle s'aperçoit qu'il en est désormais autrement. Et elle ne tarde pas à comprendre : une charge, dans le marché financier des années quatre-vingts, peut gagner beaucoup d'argent. Énormément même. A condition d'investir, de recruter, de prospecter.

Dès fin 1986, pour développer la clientèle de la charge, elle relance des campagnes de publicité; elle exige que des salariés soient systématiquement présents à tout ce qui est salons, débats, conférences sur le marché boursier; et elle organise des soirées, chez Maxim's. La femme de l'agent de change convainc aussi son mari d'investir dans une informatique performante; on réhabilite les locaux, on recrute...

La charge a-t-elle les moyens de ces nouvelles ambitions? Jacqueline, qui ne tient pas la comptabilité, n'en sait sans doute rien. Pour elle, intuitivement, il y a tant d'argent qui circule qu'il doit être possible de tout faire. Pour elle, c'est à condition d'investir que la charge deviendra rentable. D'ailleurs, de l'argent, il y en a tout de même : n'est-ce pas au volant d'une superbe Ferrarri Testarossa, bien sûr rouge, que Jacqueline Baudouin, depuis quelques semaines, se déplace? Tout en prenant garde, explique-t-elle, de ne pas venir avec rue de Provence.

Dans les premiers mois de sa présence à la charge, la femme de l'agent ne sait pas encore très bien ce qu'elle peut espérer. Moderniser la charge? Sans doute. Pour la vendre plus cher à un éventuel successeur? Louis Baudouin n'est pas désireux de passer la main. Ce n'est pas non plus l'objectif de son épouse. Bien au contraire! Celle-ci n'a pour l'heure qu'une idée précise : couper Michel Deloison et Thierry Bergeron de son mari, limiter leur autorité, en un mot les écœurer...

– Pour moi, explique-t-elle, les fondés, espérant reprendre la charge, n'avaient, pour ne pas la payer trop chère, guère intérêt à la développer. Ils ne faisaient rien pour. Cela me paraissait évident. Il était clair pour moi qu'il fallait renvoyer ces garçons, constituer des équipes performantes, relancer la charge...

Au bout de quelques semaines, les deux fondés sont obligés de quitter leurs confortables bureaux de l'étage de direction, pour se retrouver face à face dans la même pièce, à l'entresol, avec un seul téléphone pour deux, sans même plus de terminal de marché, cet écran qui répercute les cours et les volumes des titres cotés, instrument de base de tout professionnel.

– La pièce, se souvient Thierry Bergeron, était telle qu'on ne pouvait entrer ou sortir sans déranger l'autre.

Progressivement, les deux hommes se voient retirer toute autorité, toute responsabilité. Une mise à l'écart méthodique. Jacqueline Baudouin, auprès de son mari, prend de plus en plus de poids dans le fonctionnement de la charge.

Certes, elle n'a pas la signature. Ni en matière d'organisation interne, ni en matière financière. Mais elle est écoutée de son mari. Très vite, Michel Deloison et Thierry Bergeron perdent la quasi-totalité de leurs prérogatives.

Que fait la Chambre syndicale? Au grand désarroi de Thierry Bergeron, la place de la Bourse ne bouge pas. Rien.

– Or, explique aujourd'hui Thierry Bergeron, qui ne dit mot consent.

La place de la Bourse consent donc. Bizarrement, alors que le « cas Baudouin » la préoccupe depuis quelque temps déjà, la Chambre syndicale, début 1987, paraît se désintéresser du dossier. Des oppositions internes? Il y a dans la Compagnie un clan « anti-Baudouin ». Mais « Loulou » a aussi ses amis fidèles qui le soutiennent. Et le premier d'entre eux est un symbole dans la profession : Yves Flornoy, ancien syndic, est l'homme qui, en 1981, a sauvé le Palais Brongniart. Pour lui, Baudouin a droit au même traitement que les autres agents. Et Yves Flornoy, caractère ferme, déterminé, le répète souvent de sa voix grave place de la Bourse.

Le mutisme de la Chambre s'explique aussi pour une autre raison.

En ce début 1987, Xavier Dupont boucle, avec le cabinet du ministre de l'Économie, Édouard Balladur, la grande affaire de son existence. Le dossier, en chantier depuis plusieurs années, va révolutionner deux cents ans de profession boursière. Personne n'imagine alors qu'il puisse déboucher si rapidement. Et pourtant!

A la mi-mars 1987, dans la salle des Assemblées du Palais Brongniart, Édouard Balladur présente aux agents ce qui sera le « Big Bang » parisien. Le lendemain, le ministre s'adresse à la presse. En quarante-huit heures, la réforme de la Bourse de Paris est lancée! Celle-ci tient en un seul élément, à la fois simple et spectaculaire pour les intéressés. La profession d'agent de change disparaît, les charges deviennent des sociétés de Bourse et peuvent, à compter du 1er janvier 1988, accueillir des institutionnels, banques, assureurs, etc., français ou étrangers dans leur capital. Symétriquement, les charges peuvent aussi se transformer en établissement financier et accéder ainsi à une partie des métiers bancaires. Au total, un très flatteur équilibre.

La réforme s'imposait! Alors que les nouveaux marchés et l'internationalisation des activités réclament de plus en plus de fonds propres, les sociétés d'agents de change, structures familiales, petites PME financières, ne pouvaient suivre.

Le « Big Bang » parisien (par analogie avec la réforme de la place londonienne, en septembre 1986, baptisée « Big Bang » par les professionnels de la City) est en réalité l'épilogue d'une longue lutte. Longtemps, les banquiers, irrités de payer des courtages à leurs yeux injustifiés, ont tenté de faire sauter le monopole des agents de change, d'avoir eux aussi accès au marché boursier. Surtout lorsque le marché, bon, faisait la fortune des agents! Au contraire, dès que l'indice ou que l'activité baissait, les agents se retrouvaient seuls avec les inquiétudes d'un métier d'intermédiation finalement étroit et surtout très dépendant des... banques...

Mais en 1987, après plusieurs années de hausse et alors que les banques se doivent d'intervenir sur toute une gamme de produits et de marchés, la réforme paraît à tous équilibrée : le « numerus clausus », le nombre de places à la Bourse de Paris, et donc de sociétés de Bourse (c'est le nouveau nom des ex-charges d'agents de change), est maintenu à 45 jusqu'en 1993, date à partir de laquelle de nouveaux sièges pourront être attribués. D'ici là, banques, compagnies d'assurance, entreprises peuvent acheter tout ou partie du capital des charges. Une aubaine pour les agents! En effet : les prix dont on parle un peu partout laissent rêveurs. Les experts sont formels : le simple droit d'accès au marché boursier qu'apporte une société de Bourse (le monopole de transaction des valeurs mobilières) est estimé autour de 30 millions de francs. S'ajoute à ce premier chiffre la quote-part que détient chaque agent dans le « fonds de garantie » de la profession, dont le montant n'est pas révélé mais qui, croit-on alors, représente plusieurs dizaines de millions de francs par charge. On arrive donc autour de 60 millions de francs. En tenant compte du niveau d'activité, des équipes techniques, commerciales, de l'analyse financière, de la clientèle, la majorité des charges passent allégrement la barre des 100 millions de francs! Les prix des premiers accords seront largement supérieurs. Et parfois exorbitants. Jusqu'à 300 et même 450 millions de francs pour certains accords conclus avant le krach.

Des chiffres extravagants. Mais qu'importe! Les marchés sont à la mode, les bourses sont en grande forme, les « golden boys » font fortune... Tout, ou presque, pousse à cette inflation. Et si certaines banques ne voient pas l'intérêt d'acheter une charge (les vrais initiés utilisent le mot anglo-saxon de « broker ») à Paris, le Trésor est là pour « susciter » des rapprochements...

Dans l'euphorie générale, une grande foire commence donc. Sollicités, traités dans les meilleurs restaurants, invités à la City de Londres, les agents (ou en tout cas la majorité d'entre eux) vivent des semaines féeriques. Chacun présente ses points forts, vante ses équipes, dessine une stratégie, pose des exigences. A l'heure de se vendre, tout le monde en oublie que la profession meurt. Et si certains assurent vouloir rester indépendants, la plupart décrivent avec force détails l'« institutionnel » qu'ils recherchent, le « mariage » qu'ils veulent faire; il en est même un qui annonce « qu'au lieu de se vendre, il va racheter une banque ». L'ambiance, au restaurant des agents de change, est euphorique. Tout le monde se félicite de la façon dont Xavier Dupont a mené l'affaire. « Le dernier syndic aura été le plus grand », s'exclame l'un de ses confrères!

Le tout avec d'autant plus d'assurance que chacun sait bien qu'il y a là beaucoup de bluff, que les charges, en raison de l'explosion des récentes années, ont souvent une comptabilité déficiente, des écritures peu claires, des problèmes d'organisation sérieux, des équipes largement surpayées par rapport à celles du monde bancaire. Et aussi pas mal d'opérations, et parfois tout simplement d'« affaires », en suspens... Mais l'énorme gabegie qu'est la place parisienne n'est pas encore révélée au grand jour.

Jacqueline Baudouin n'est évidemment pas la dernière à comprendre le parti à tirer de la réforme. Au moins sait-elle dorénavant pourquoi il faut moderniser la charge, investir, développer les activités!

– Dès lors, mon idée a été de mettre la charge sur les métiers porteurs pour la vendre au mieux, explique Jacqueline Baudouin.

Poussée par la santé du marché et l'optimisme ambiant, la charge Baudouin investit donc. Dix millions de francs dans l'informatique, par exemple. Presque autant en publicité. Et aussi en effectifs. La maison Baudouin qui avait 50 salariés à mi-1985 et 80 au 31 décembre 1986, en aura rapidement 100 puis 120. Et même 140 début 1988. La masse salariale augmente dangereusement. Mais pour Jacqueline Baudouin, ces efforts sont impératifs. De fait. Si ces recrutements ne sont pas tous justifiés (un voisin d'immeuble des Baudouin, sans formation financière, rejoindra même l'équipe de conseillers auprès de la clientèle particulière), au moins la charge commence-t-elle à tenir un rang sérieux sur les nouveaux marchés. C'est, par exemple, l'un des « golden boys » les plus réputés, venu de la charge Ferri (l'une des toutes premières de la place), qui prend la direction du service MATIF. Edouard Tarbouriech met en place une équipe performante. Cela, sous l'œil bienveillant des dirigeants de la CCIFP, l'autorité de tutelle du MATIF : n'a-t-il pas signé avec l'un d'entre eux l'un des premiers ouvrages de référence sur ce nouveau marché? Le « MATIF de Baudouin » commence donc à être respecté. Tout comme la cellule du Monep, le marché des options sur actions.

Jacqueline Baudouin n'en continue pas moins à vouloir le départ de « Deloison et Bergeron ».

– Je leur ai mené une vie d'enfer, consent-elle.

De fait. Apprenant par exemple que l'un d'eux est allergique à la peinture, Mme Baudouin s'assure qu'en permanence ou presque, une pièce à proximité de leur bureau, quand ce n'est pas leur bureau lui-même, est en réhabilitation. La guerre est quotidienne et c'est parfois la femme de l'agent de change qui perd ses nerfs. A l'issue d'une discussion orageuse avec Thierry Bergeron, elle exige qu'il rase sa barbe sur-le-champ :

– J'ai horreur des barbus!

Un autre jour, elle entre précipitamment dans le bureau du fondé de pouvoir et, menaçante, lacère son fauteuil et son sous-main [1].

Thierry Bergeron finira par partir.

Le « candidat officiel » se sent en effet lâché. Et pour cause! La Chambre syndicale ne veut surtout pas de vagues. Un jour qu'il est place de la Bourse pour expli-

1. Condamnée en avril 1988 à payer des dommages-intérêts à Thierry Bergeron, Jacqueline Baudouin ne regrette pas : « C'est lui que j'aurais dû lacérer, car c'est de lui que sont venus tous les problèmes », répète-t-elle.

quer la situation qu'il rencontre à la charge, réponse claire lui est donnée :

– Que cette égérie vende et qu'on n'en entende plus parler!

Pour les dirigeants de la profession, la vente de la charge Baudouin à un institutionnel est évidemment la meilleure solution. Elle préserve les intérêts de Louis Baudouin, qui est tout de même un des membres de l'honorable Compagnie; elle permet d'éloigner son épouse; et surtout, elle assure d'éviter tout « dérapage » médiatique...

En juin 1987, Thierry Bergeron et Michel Deloison démissionnent donc. Non sans entamer une procédure devant les prud'hommes et réclamer de très coquettes indemnités. Plus de 10 millions de francs à eux deux.

Un mois plus tard, Georges-Alain Baudouin, lui aussi, quitte la rue de Provence. Après dix années de Bourse, le fils de l'agent de change raccroche. Mais volontairement.

Seul reste à la charge le dernier des fondés de pouvoir, Pierre Guyard, qui a la responsabilité officielle de la « direction et du contrôle ». C'est lui qui avait recruté Bergeron et Deloison. Et au moment où ceux-ci partent, lui ne choisit pas. Ce faisant, il « couvre » la femme de l'agent de change. Car vis-à-vis de la Chambre syndicale, il reste toujours un « fondé » chez Baudouin.

Jacqueline Baudouin, d'une certaine façon, est parvenue à ses fins. Son mari est presque seul à bord. Sur les nouveaux marchés, la charge progresse effectivement. Il faut y croire!

Et convaincre. Dans une plaquette destinée au public et à la clientèle, la première depuis de longues années, la charge se présente comme l'une des cinq premières de la place parisienne. Bel optimisme! Elle n'est en réalité qu'une des cinq premières sur le MATIF. Ce qui n'est déjà pas si mal et inespéré pour une maison qui se situe en réalité dans le peloton de queue de la profession.

Ce pieux mensonge ne prête pas à conséquence. Il est largement répandu dans la Compagnie. Les agents de change, prompts à réclamer des responsables d'entreprises cotées, transparence, chiffres et vérité des comptes, ne s'imposent guère, à eux-mêmes, ces élémentaires exigences. Les comptes des charges, même celles sous forme de sociétés anonymes, en dépit des obligations légales, ne sont pas publiés (sauf rares exceptions). Les chiffres d'affaires, les résultats, les volumes traités, les fonds gérés, les parts de marchés sont tenus soigneusement secrets. Avec l'aval de la Chambre syndicale, laquelle, pour mieux protéger les charges, travaille essentiellement à maintenir cet obscurantisme. Non sans logique : en raison de la coresponsabilité des agents, et pour maintenir l'unité de la corporation, il est préférable que les écarts et distorsions ne soient pas trop connus des uns et des autres.

Ainsi, chaque année les charges envoient-elles leurs éléments d'activité à la place de la Bourse. La Chambre syndicale les corrobore alors avec ses propres statistiques. En fin de parcours, chaque titulaire reçoit une dizaine de courbes retraçant l'activité de l'ensemble de la profession : chiffres d'affaires et résultats globaux, chiffres d'affaires et résultats par marchés, capitaux gérés... Les courbes s'étirent, classement par classement, du premier au dernier chiffre de la profession. Les positions intermédiaires ne sont signalées que par les très légers décrochements de la courbe. Sur celle-ci, seule apparaît, marquée d'un point, la position de la charge du titulaire auquel est envoyé le dossier. Ainsi chaque agent voit-il où se situe sa société par rapport aux autres, sans savoir qui est devant ni qui est derrière lui. Aucun agent, bien évidemment, n'en parle à l'extérieur. Admirable sens du secret! Qui permet bien des choses : pendant longtemps, les clients, au moins les clients particuliers, croiront, en écoutant leur agent, qu'ils ont confié leur argent à l'une des plus importantes charges de la place!

Et très logiquement, à l'heure de négocier avec un institutionnel, tout le monde profite donc de ce flou. La charge Baudouin comme les autres.

Mais en se séparant de Deloison et de Bergeron, Jacqueline Baudouin n'a pas réglé son problème. Ou en tout cas pas le bon.

Entre octobre 1986, date à laquelle elle arrive à la charge, et juin 1987, l'enjeu, en effet, s'est déplacé : l'objectif était de voir son mari redevenir maître chez lui; à l'heure de la réforme, cela est presque vain. L'important, dorénavant, est de placer la charge en situation d'être vendue au meilleur prix. Ne commence-t-on pas, à la mi-1987, à parler des premiers accords banques-agents de change? Bientôt, la Société générale annoncera son rapprochement avec la charge Delahaye-Ripault. A la rentrée, le Crédit lyonnais signera avec de Cholet-Dupont, la Compagnie du Midi avec Meeschaert-Rousselle, le Crédit national avec Dupont-Denant (la charge du syndic), le broker britannique James Capel avec Dufour-Kohler-Lacarrière...

Mais pour vendre, Louis Baudouin veut d'abord être propriétaire de l'ensemble du capital de la charge. Or il ne l'est pas. Plus de vingt ans après leur divorce, sa première épouse détient encore 49 des 162 parts de la société. Il faut la désintéresser. Elle ne se montre guère gourmande et demande, pour ses 49 parts, un peu moins de 9 millions de francs.

Sans doute est-il l'un des rares dans ce cas, preuve

qu'il n'a guère profité à titre personnel de sa charge, mais, pour racheter les parts de sa première épouse, Louis Baudouin doit emprunter. Ou encore, recevoir d'un institutionnel prêt à rentrer dans le capital les moyens d'indemniser sa première épouse.

Louis et Jacqueline Baudouin commencent donc à faire le tour de quelques banques. Leur dossier est apparemment bon puisque le prix d'une charge d'agent de change, tout le monde en convient alors, est estimé à un minimum de 60-80 millions.

Les portes, pourtant, se ferment une à une. Après quelques refus, l'agent et son épouse ne tardent pas à comprendre. Sans doute des pressions s'exercent-elles sur d'éventuels financiers intéressés afin qu'ils n'aident pas « le couple Baudouin ». Ce que confirme l'un des directeurs généraux d'une banque filiale d'un grand groupe d'assurances :

– Des pressions? Il nous avait été expliqué que la Chambre syndicale avait une idée, précise, pour la reprise de la charge, et qu'elle était en train de traiter le dossier. Dès lors, toute intervention extérieure n'était guère désirable...

Louis et Jacqueline Baudouin vont cependant trouver l'argent nécessaire. Non pas à l'extérieur, mais auprès de l'un des clients.

Louis Leprêtre, associé-gérant dans une société de remise, l'IPGF, l'Institut privé de gestion financière, dont il détient 49 % du capital, est le plus gros apporteur de clientèle de la maison Baudouin. Il travaille avec de nombreuses charges sur la place, et, parmi les plus connues, celle d'Alain Ferri, alors premier adjoint du syndic, Ducatel-Duval, Magnin-Cordelle, Lavandeyra... Mais depuis quelque temps il fait transiter la majeure partie des opérations de sa clientèle par la charge de la rue de Provence.

Pour une raison simple. Parmi les opérateurs de chez Baudouin, Louis Leprêtre compte quelques-uns de ses meilleurs et plus anciens amis. Ceux-là mêmes qui, par leurs opérations, ont attiré l'attention de la COB.

Client important, Leprêtre va savoir se rendre indispensable. Au fur et à mesure que les fondés de pouvoir, Bergeron et Deloison, voient leur rôle se réduire, il devient progressivement prépondérant dans le fonctionnement de la charge. Discrètement tout d'abord : en avril 1987, l'IPGF commence par sous-louer à Baudouin des locaux, rue Sainte-Anne. En faisant une bonne affaire! Le prix demandé à la charge permet en effet à l'IPGF de payer la totalité de son loyer.

Comme la société de remise se trouve deux étages en dessous et qu'elle travaille beaucoup avec Baudouin, une ligne téléphonique directe est tirée. Puis plusieurs. De plus en plus, Louis Leprêtre partage son temps entre les deux étages. Et conseille les Baudouin.

Cet homme plutôt petit, au visage poupon, légèrement bouffi, n'a rien de l'intermédiaire classique de Bourse. L'allure et la prestance ne sont pas ses atouts. Mais il sait y faire. L'œil, malin, intrigue; le contact, chaleureux, retient; la conversation, tourbillonnante, convainc. Technicien hors pair des obligations, funambule de la comptabilité, commercial chevronné, Louis Leprêtre est une espèce de jongleur : il a toujours plusieurs affaires en tête, et souvent deux rendez-vous à la même heure. Le personnage est de ceux que rien n'inquiète et qui, jamais désarçonnés, ont réponse à tout.

Entre Jacqueline Baudouin et Louis Leprêtre, le courant va passer. La confiance qu'elle n'a jamais donnée à Bergeron et Deloison, Jacqueline Baudouin va la lui accorder. L'associé de la société de remise devient peu à peu le bras droit de l'agent.

Aussi est-ce très naturellement que Louis Leprêtre

propose que sa société, l'IPGF, avance à Louis Baudouin les fonds nécessaires au rachat des parts de sa première épouse. Accord conclu.

Nous sommes le 8 juillet 1987, dans le bureau de l'agent de change.

– Je vais vous faire un chèque, dit l'associé-gérant de la société de remise.

Louis Leprêtre s'assied, met la main à la poche intérieure de sa veste, saisit son stylo...

– C'est peut-être aussi simple de débiter le compte d'IPGF auprès de la charge, coupe le comptable.

Louis Leprêtre s'arrête.

– Soit! Comme vous voulez...

Par débit de son compte auprès de la charge Baudouin, l'IPGF prête donc, ce 8 juillet 1987, 10 millions de francs à Louis Baudouin.

Quelques jours auparavant, fin juin, par un acte sous seing privé passé entre l'agent de change et le remisier, Louis Leprêtre est nommé administrateur délégué de la charge, avec effet rétroactif au 1er janvier 1987. Dans le cadre de la réforme, il se voit également confier par Louis Baudouin la « mission de constituer un tour de table d'actionnaires » de la société. En août, l'IPGF reçoit une option d'achat sur 30 % du capital. Dans laquelle, est-il précisé, « la société de remise pourra se faire substituer », c'est-à-dire céder ses parts.

Bientôt, une page de publicité diffusée dans la presse financière montre Louis Baudouin assis à son bureau avec, à son côté, Louis Leprêtre, debout. « Louis Baudouin, agent de change, et Louis Leprêtre, administrateur délégué de la charge Baudouin », explique la légende.

Situation étonnante. Pour personnages hors du commun. Car Louis Leprêtre, simple remisier (il y en a alors plus de 400 à Paris), au passé professionnel mouvementé, ne manque pas pour autant de relations. Il compte de nombreuses amitiés au RPR, jusque dans l'état-major du parti. Son beau-père est un proche de Jacques Chirac et l'un de ses collaborateurs. Et en ces mois de « cohabitation », Louis Leprêtre, au volant de sa Peugeot 405 bleue, passe souvent, rue de Grenelle, le porche de l'Hôtel Matignon où travaille son parent.

Surtout, Louis Leprêtre gère quelques gros comptes. Et notamment celui du milliardaire helvético-africain, Jean-Claude Mimran, dont l'empire agro-alimentaire est l'une des premières puissances industrielles d'Afrique.

Mimran est aussi un sympathisant du RPR et, de réputation, l'un de ses bienfaiteurs. Bientôt, les deux hommes, Mimran et Leprêtre, vont mettre au point un important projet autour d'une banque franco-africaine. Lequel va agiter la communauté bancaire. Parallèlement, Louis Leprêtre s'active au « tour de table » de la charge Baudouin.

– Cela avance, assure-t-il régulièrement à Jacqueline Baudouin.

En cet été 1987, Louis Leprêtre travaille donc tous azimuts. A de multiples dossiers : le contrôle d'une société de Bourse où il pourrait jouer un rôle clé; la transformation de sa société de remise en établissement financier, plus le gros dossier de Jean-Claude Mimran... Cet homme qui, comme tous les remisiers, n'est pas de l'establishment boursier, rêve. Non pas d'être admis par la communauté financière, mais au moins de se tailler une part du gâteau. Ambitions légitimes, mais compliquées.

Faute d'accord de la Chambre syndicale des agents de change, les actes passés entre Baudouin et Leprêtre sont d'une valeur juridique contestable. Surtout, à sa façon, Louis Leprêtre est, pour la Chambre syndicale, tout aussi inacceptable que Jacqueline Baudouin. Ni l'un ni l'autre ne le comprennent...

Le compte à rebours de ce qui déclenchera l'affaire Baudouin se met en tout cas en marche. Tout comme se préparent alors quelques-uns des scandales qui vont secouer la place parisienne. Personne n'en sait encore rien. Car si quelques-uns en parlent, car il est toujours des Cassandre en Bourse, personne, à l'été 1987, ne prévoit l'imminence du krach.

6.

Un projet africain, bancaire et politique

Au second étage de l'immeuble du 12, rue Sainte-Anne, dans une petite pièce des locaux de l'IPGF, l'Institut privé de gestion financière, la réunion est fiévreuse. Il est tard en cette soirée d'octobre 1987, la pièce est enfumée, mais Louis Leprêtre est satisfait. Le dossier du jour avance. Il y a là un ancien adjoint de direction de la Banque de France, installé à Monaco et reconverti dans les affaires, et surtout les responsables de trois caisses de retraite, de deux banques secondaires et d'une compagnie de réassurance de la place.

Depuis quelques semaines, ces derniers, des amis de Louis Leprêtre, ont commencé, pour le compte des institutions dans lesquelles ils travaillent, à ramasser du papier « Cofifa ».

Le titre Cofifa, « Compagnie financière France-Afrique », est inscrit au marché au comptant de la Bourse de Paris. Malgré son nom évocateur, ce n'est guère, loin s'en faut, une valeur vedette du marché. Ce n'en est pas moins une valeur clé. Car, en sus d'un joli patrimoine immobilier à Paris et en Afrique, la « France-Afrique », comme on dit au Palais Brongniart, contrôle un groupe bancaire bien particulier, celui de la BIAO, la Banque internationale de l'Afrique occidentale.

Si elle n'est pas en très bonne santé financière, la

BIAO est stratégique. « L'Afrikabank », au travers de ses filiales, est implantée dans la plupart des pays d'Afrique occidentale. Presque partout, depuis le Sénégal jusqu'au Congo, en suivant le golfe de Guinée : en Guinée donc, mais aussi en Côte-d'Ivoire, au Togo, au Cameroun, au Gabon; tandis qu'à l'intérieur du continent, on la retrouve au Mali, au Burkina-Faso (ex-Haute-Volta), au Niger, au Tchad, en Centrafrique, au Zaïre...

Sans doute l'activité économique de ces différents pays est-elle inégale, et souvent incertaine. Mais, et les gens qui le pratiquent le savent bien, le business en Afrique est un art à part. Aussi les critères de rentabilité sont-ils pour une banque différents là-bas. Il faut savoir perdre beaucoup d'argent sur certaines affaires pour en gagner sur d'autres. Il faut savoir prêter à perte pour participer plus tard à de bons investissements. Il faut surtout savoir marier business et coutumes, chiffres et rites, affaires et politique. La confiance s'y décline sur un mode exotique.

Les hommes réunis autour de Louis Leprêtre ne savent finalement que peu de choses de la BIAO. Mais peu leur importe! Ils ont « pris » du Cofifa. Et ce soir, ils s'engagent chacun à porter dans les jours prochains leur participation jusqu'à légèrement moins de 5 %. En rachetant, justement, des titres « France-Afrique » à l'IPGF. Moins de 5 % chacun, car au-delà de ce pourcentage, il faut se « déclarer ».

Or, si l'associé-gérant de l'IPGF demande ainsi à des amis de « porter des titres », technique classique en Bourse, c'est parce que sa société n'a pas les moyens de le faire seule, mais aussi et surtout pour être discret. Car l'objectif n'est pas de garder les titres, mais bien sûr de les revendre, avec plus-value.

A qui? Le groupe qui va ainsi racheter est celui de

Jean-Claude Mimran. C'est ce qu'explique Louis Leprêtre.

Mimran s'intéresse depuis quelque temps à la BIAO. « Il y voit, dit alors un de ses conseillers, un très bon outil pour le développement de ses affaires en Afrique. » Et il a demandé à Leprêtre de lui constituer un « bloc », c'est-à-dire de tenir prête une partie du capital de la société, qu'il rachètera le moment venu. Quand? Lorsque lui, Jean-Claude Mimran, aura obtenu de la Banque de France le droit pour l'une de ses sociétés étrangères de passer la barre de 20 % dans le capital de « France-Afrique ». En effet : la Cofifa est un établissement financier et elle contrôle une banque, la BIAO. Il faut donc l'autorisation de la Banque de France, précisément du Comité des établissements de crédit, pour qu'un actionnaire étranger possède plus de 20 % du capital.

À chacun son rôle : à Leprêtre, les opérations boursières; à charge pour Mimran de forcer les réticences et d'obtenir l'accord de la Banque de France.

La vie de la Bourse est faite aussi de ces accointances particulières. Au-delà des noms réputés, des institutions prestigieuses et des façades honorables, le marché se nourrit de tous les projets, grands ou petits, clairs ou tordus, de toutes les énergies, de toutes les ambitions. En ce sens, la Bourse est un formidable « melting pot », où chacun, un peu comme dans le monde du sport, peut espérer faire carrière, peut-être gagner beaucoup d'argent, voire faire fortune. Ce bouillonnement est aussi une garantie : il y a toujours, dans la cote, plusieurs valeurs en ébullition.

En préparant le dossier Mimran-BIAO, Louis Leprêtre est dans sa logique : faire de l'IPGF une entité qui compte. Pour cet ancien attaché d'administration au Trésor, sans diplôme, de formation littéraire, la Bourse se révèle être un formidable tremplin.

C'est en 1972, à son retour du service militaire, qu'il est entré pour la première fois au Palais Brongniart. Débutant dans une agence de publicité, il est envoyé chez un agent de change. C'est l'époque où les charges commencent à démarcher la clientèle et à faire de la publicité. La mission de Louis Leprêtre devait durer deux mois. Il restera cinq ans chez Leven, terminant commis principal, un titre juste en dessous de celui de fondé de pouvoir. Dans la charge de la famille du riche fondateur du groupe Perrier, Leprêtre se fait quelques solides amitiés parmi des opérateurs qu'il retrouvera, près de quinze ans plus tard, chez... Baudouin.

De là, il entre en 1976 au Crédit agricole. Il est attaché commercial dans une agence parisienne, puis se voit appelé au département des relations avec les institutionnels. Ceux-ci travaillent principalement sur le marché des obligations. Leprêtre ne va pas tarder à en maîtriser les techniques et à se faire son réseau. Il a ses amis, des hommes qui, ensemble, comme cela se fait très classiquement, ont pour mission de « tenir » des valeurs, d'assurer la réussite du placement de certaines opérations. Au total, un monde de grands et petits services.

Nouveau changement en 1981 où on le trouve à la Compagnie européenne de placements, une filiale du groupe Rothschild, dirigée par l'ineffable Sarkis Bedoian, et qui deviendra la BAC, la Banque d'arbitrage et de crédit. Il y travaille au service obligations. Puis en 1985, enfin, quelques mois après le fameux « krach des obligataires de fin 1984 », il entre à l'IPGF. Présenté au gérant majoritaire par un ami commun, Yves Royer.

L'IPGF est alors en veilleuse. La société a été créée une dizaine d'années plus tôt, en 1975, par Royer. Jusqu'alors dans l'immobilier, notamment directeur commercial du groupe Capital foncier, Royer se tourne alors vers la gestion de fortune. Le 10 décembre 1973, il devient remisier-gérant de portefeuille. Bien avant la mode : sa carte de démarchage financier porte le numéro 4.

Au départ, la société ne s'appelle qu'IGF, Institut de gestion financière. Aux côtés de quelques personnes physiques, on trouve une charge dans le capital : Ducatel-Duval. Pour moitié, l'activité d'IGF consiste à placer des titres de SCPI, les sociétés civiles de placement immobilier ; pour l'autre, à vendre des actions et obligations.

Mais Royer n'aime pas vraiment la Bourse. Ce passionné de voile (il a été secrétaire général de la Fédération française de voile et a siégé à la section des finances du Comité olympique français) possède depuis 1976, à Montréal, une petite société d'administration d'immeubles. Et il passe de plus en plus de temps de l'autre côté de l'Atlantique, au bord du Saint-Laurent.

Au début des années quatre-vingts, ses affaires canadiennes ont grossi. Le 20 juin 1981, dans la foulée des élections qui portent la gauche au pouvoir en France, il s'installe à Montréal ; quelques mois plus tard, il devient citoyen canadien.

A Paris, changement politique oblige, il transforme le nom de sa société. Un P, pour privé, vient opportunément empêcher toute confusion, forcément malencontreuse, entre l'activité de la société et le tout nouvel IGF, l'impôt sur les grandes fortunes, que vient d'instituer le gouvernement socialiste. Mais devenue IPGF, la société n'en continue pas moins de végéter. Et même de décliner. Royer est de plus en plus au Canada où sa holding ne contrôle alors pas moins, affirme-t-il, d'une dizaine de sociétés : marchands de biens, « banquier-terrain », gestion d'immeubles... C'est à ce moment, alors qu'il est presque décidé à vendre, que Royer rencontre Leprêtre. Celui-ci, qui sait que la Bourse explose, propose de réanimer la société de remise. Les deux hommes travaillent quelque temps ensemble, puis, en 1986, par une augmentation de capital de 50 000 francs, Leprêtre prend 48,5 % du capital et devient associé-gérant de l'IPGF.

Ironie du sort, Leprêtre et Royer se ressemblent. Le second est plus petit encore, plus potelé que le premier. Mais, affable, prévenant, précautionneux, Yves Royer, comme Leprêtre, est un vendeur-né. Bourse pour l'un, immobilier pour l'autre, les deux hommes ont en commun le sens du commerce. Et en commun aussi un même défi : pour sécuriser la clientèle, gagner sa confiance, ils doivent l'un et l'autre obliger leur interlocuteur à dépasser la première impression. Dans un univers où le plus grand nombre porte beau et fier, Royer et Leprêtre partagent le même handicap.

Aisément surmonté! Car ranimée par Louis Leprêtre, l'IPGF reçoit un grand coup d'accélérateur.

Notamment dans le domaine obligataire, le véritable créneau de Leprêtre. Là, la société de remise intervient sur le marché primaire, plus connu sous le nom de « marché gris ». C'est-à-dire qu'elle achète ou vend des titres entre le moment où l'émission est annoncée et celui où les obligations sont effectivement cotées. Dans cet intervalle de temps, avant même d'exister, le « papier » fait déjà l'objet de spéculations et change plusieurs fois de mains. Ce métier n'est normalement ouvert qu'aux banques. Mais Leprêtre, qui a quelques relations dans le milieu des obligataires à Paris, parvient à faire entrer l'IPGF dans la partie. Laquelle est fructueuse : les écarts entre le prix à l'émission et le prix de « première revente » (par la suite, sur le marché dit « secondaire », les obligations, comme les actions, changent de propriétaire un nombre incalculable de fois) permettent de bien gagner sa vie : sur ce créneau, l'IPGF empoche 5 millions de francs en 1986; et 15 millions en 1987. Cette année-là, l'IPGF réalise 1,5 milliard de francs de transactions sur le marché primaire.

Ce métier n'est certes pas autorisé par le statut de société de remise mais personne alors ne s'en préoccupe : l'IPGF traite ouvertement avec trois banques de la place et avec bien d'autres charges que Baudouin. La société de remise travaille ainsi avec Ferri, Ducatel-Duval, Lavandeyra, Wargny, Buisson... Personne, à la Chambre syndicale ou parmi les agents, n'y trouve à redire. Il y a en effet, pour tous, du courtage à la clé...

Dans le même temps, les opérations sur le marché des actions, elles aussi, gonflent. Elles représentent courant 1987 des positions de plusieurs dizaines de millions de francs. L'IPGF opère de plus en plus par la charge Baudouin. Logiquement, puisque Louis Leprêtre a un rôle croissant au sein de la charge de la rue de Provence.

Mais surtout, la société de remise se met à réaliser des « opérations financières ». D'abord, fin 1986 et courant 1987, quelques portages : utilisée par toute la place, surtout par les banques d'affaires les plus prestigieuses, la technique consiste à détenir des titres d'une société pour le compte d'un tiers qui ne veut ou ne peut pas se déclarer. Et de les revendre le jour convenu en touchant une commission. Classique. Plus ardue : en septembre 1987, l'IPGF monte une double opération de 450 millions de francs pour le compte de la société de charcuterie-salaisons Olida-Caby. Une augmentation de capital doublée d'un emprunt obligataire à bons de souscriptions d'actions.

Sur ce dossier, Leprêtre est en relations avec la BPIA, la Banque parisienne d'investissement et d'arbitrage, où travaille l'un de ses bons amis. La BPIA est une filiale de Duménil-Leblé, l'une des banques stars de la place. La BNP, la Banque nationale de Paris, est aussi dans le coup : pour que le public puisse souscrire, il faut en effet une banque à guichets pour vendre l'opération. En plus, deux charges proposent les titres : Ferri et bien sûr Baudouin. Le tout reçoit l'agrément de la COB. Et alors que plusieurs banques avaient dédaigné traiter le dossier Olida-Caby, l'opération de septembre 1987 se vend bien. Une réussite pour l'IPGF qui empoche 14 millions de francs net!

Au total, un bel activisme! En 1987, l'IPGF compte réaliser plus de 30 millions de francs de chiffre d'affaires. Contre moins de 10 millions l'année précédente. Le résultat prévisionnel approche les 10 millions. Des chiffres bien sûr modestes au niveau de la Bourse mais qui, pour une société de remise, commencent à devenir consistants. L'IPGF fait partie des sociétés de remise en vue de la place. Et les deux associés s'enhardissent. Début 1987, ils créent une filiale à Montréal, IPGF-France, laquelle, en juillet, rachète un « broker », un agent de change, canadien, De Leeuw. Quant à l'intérêt que Royer et Leprêtre portent à la société Baudouin, il est évident. La réforme d'Édouard Balladur prévoit en effet que les ex-charges pourront prendre le statut d'établissement financier. Par le biais de Baudouin, c'est donc toute la gamme des métiers bancaires qu'entrevoient les deux associés! On quitte la « remise » pour jouer dans la cour des grands! Sur le papier, du moins, c'est possible.

Yves Royer et Louis Leprêtre s'y voient d'ailleurs déjà. Très classiquement, car tout le monde en Bourse se « pousse » un peu, le document de présentation de l'IPGF « gonfle » à souhait les métiers de la société : « gestion de portefeuilles à Paris et sur les places étrangères; conception et montage d'émissions d'actions et d'obligations pour les industriels, les collectivités locales et les organismes para-publics; placement et suivi de portefeuilles obligataires pour les investisseurs institutionnels; placement et suivi d'émissions nord-américaines; introductions en Bourse de nouvelles sociétés françaises et étrangères... ». Un catalogue de « références », certes un peu vague, peu concret, mais digne des meilleures banques d'affaires internationales! S'il n'est pas question d'OPA, c'est sans doute parce que les « raids » ne sont pas encore à la mode en Bourse de Paris... Mais les deux amis affichent en quelque sorte leurs ambitions. Tout comme ils le font dans... l'annuaire téléphonique : à la rubrique « agent de change », une seule société a pris le soin de réserver une photo : c'est l'IPGF. Sur fond de « pages jaunes », les deux compères sourient...

Royer et Leprêtre, en octobre 1987, n'en sont pas encore là. Mais, après le dossier Olida, le dossier BIAO, pour l'IPGF, constitue un joli « bonus ». Un « gros coup », disent-ils, sur lequel la société devait, en fin de parcours, recevoir, en rémunération de ses services, la bagatelle de 40 millions de francs!

Louis Leprêtre n'a pas eu le dossier par hasard. Il est entré en contact avec Jean-Claude Mimran quelques mois plus tôt, en mars 1987. Les deux hommes sont présentés par un ancien adjoint de direction de la Banque de France, lors d'un rendez-vous au Plaza-Athénée, avenue Montaigne à Paris. Ils auront, par la suite, de nombreuses réunions de travail.

Leprêtre va rendre quelques services boursiers à Mimran qui détient encore 20 % d'Olida-Caby. C'est par lui que la société de remise s'est trouvée en position de monter l'opération de septembre 1987. Puis, au bout de quelque temps, celui-ci lui confie la gestion de deux comptes. Maxhill BV, l'une des holdings de Mimran, sise aux Pays-Bas, ouvre un compte à la charge Baudouin. Tandis qu'un compte personnel, que Leprêtre supervise, est ouvert à la charge Magnin-Cordelle.

Malgré ces relations d'affaires, Louis Leprêtre connaît finalement assez mal Jean-Claude Mimran. Tout comme la communauté financière et industrielle française.

C'est en 1985 que le nom de cette famille, alors présentée comme l'une des plus riches de France (on parle d'une fortune estimée à 5 milliards de francs), a fait soudainement irruption dans le business hexagonal. En août de cette année-là, Jean-Claude Mimran rachète 30 % du capital aux fondateurs de la société Olida-Caby, en difficulté. La presse, unanime, salue le nouveau venu, lequel vient de mettre sur le tapis plusieurs dizaines de millions de francs. Qu'importe d'ailleurs de savoir précisément combien, puisqu'il a offert beaucoup plus que les autres candidats, les Français Bongrain et Reybier, les Américains Dart and Kraft ou Hormel notamment...

L'entrée en scène est donc fracassante. Pour faire bonne mesure, on découvre que la famille a racheté en 1981 le constructeur automobile italien Lamborghini, et qu'en 1974, Mimran, au plus fort de la crise immobilière américaine, a acheté un hectare et demi au cœur de Manhattan. On s'extasie! Pour répondre à cet engouement bien orchestré par l'un des cabinets de relations publiques les plus efficaces de la place, Jean-Claude Mimran annonce pour bientôt la cotation d'une de ses holdings. La Bourse, qui aime les coups de cœur, se découvre une nouvelle coqueluche.

L'empire Mimran n'en reste pas moins très discret : des dirigeants invisibles, à l'exception de Jean-Claude donc, le second des trois frères; pas de siège social à Paris; et des chiffres, pour le moins succincts. Mais, depuis ses résidences de Genève, Monaco ou New York, où, affaires obligent, il réside souvent, même s'il préfère vivre au Sénégal, Jean-Claude Mimran, cheveux gris, taille moyenne, silhouette fragile, légèrement métis, entretient, sinon la légende, tout au moins l'histoire. Celle du « clan Mimran ».

Dans le Maroc des années quarante, Jacques Mimran, le père, Français d'origine libanaise, après avoir exercé toutes sortes de métiers – mousse, remailleur de bas – est devenu l'un des principaux minotiers du pays. Les moulins Mimran ont fait de l'homme un personnage important. En 1955 pourtant, la fin du protectorat accordé au Royaume alaouite perturbe les activités du groupe. Par chance, depuis quelques années, l'homme a pris soin d'étendre son activité et de pousser au sud : vers le Sénégal, où il a créé en 1946 les Grands Moulins de Dakar et aussi en Côte-d'Ivoire. Bonne intuition! A la fin des années cinquante, contrairement aux nombreux pieds-noirs qui traversent alors la Méditerranée pour rejoindre la France, Jacques Mimran s'installe à Dakar et transfère ses activités vers l'Afrique noire.

Là, il saura tirer parti des décollages économiques incertains des pays qui vont conquérir l'indépendance. Dans l'Afrique noire des années soixante, tant pour les nouveaux dirigeants africains qui veulent garder le contact – au moins économique – avec la métropole, que pour Paris, Mimran devient peu à peu un point de passage obligé. Et il comprend qu'il faut traiter directement avec les gouvernements et recevoir, si possible, des monopoles. C'est sa méthode : obtenir de grosses concessions, des « exclusivités », en échange d'investissements souvent massifs, dont une partie provient parfois de « l'aide de la France ». Le groupe s'étend, et, depuis les minoteries, se diversifie : en Côte-d'Ivoire, Jacques Mimran rachète la Compagnie du Bois de l'Indenie et exploite, dans des conditions épiques, les forêts concédées par le gouvernement. Il fait de même au Gabon. On le retrouve à Abidjan et Dakar, avec des « Grands Moulins » mais aussi avec des usines de transformation alimentaire.

Son plus beau contrat, le plus rentable de tous, il l'obtient en 1972 du président Senghor : c'est la Compagnie sucrière sénégalaise. Alors que le gouvernement du Sénégal négocie avec plusieurs groupes pour développer le raffinage sucrier, Jacques Mimran propose de créer un gigantesque complexe intégré, près du fleuve Sénégal, à la limite sud du Sahel, au village de Richard Toll. Un pari gigantesque. Contre l'importation, il propose l'industrialisation, contre la dépendance, l'autosuffisance. Mais, en contrepartie du financement qu'il accorde, il reçoit le monopole de la fabrication et de la commercialisation.

A 400 kilomètres au nord de Dakar, au milieu de l'ocre du désert, la tache verte, soudainement découverte, s'étend sur près de 8 000 hectares de plantation de canne à sucre. Un barrage, 300 kilomètres de canaux d'irrigation et de drainage alimentés par les eaux du fleuve Sénégal, des centaines de salariés, des dizaines d'engins de travaux publics, un système de « planage » du sol par laser optique et un centre informatique produisent, chaque année, environ 800 000 tonnes de canne à sucre. C'est le nouveau Richard Toll : en ouolof, la langue officielle locale, « toll » signifie jardin, et Richard est le nom d'un célèbre jardinier du roi. Dans l'Afrique contemporaine, l'endroit est devenu un mythe! Car Richard Toll qui donne 70 000 tonnes de sucre par an assure l'autosuffisance du Sénégal. A un prix, il est vrai, le plus souvent exorbitant par rapport aux cours mondiaux du sucre.

Jean-Claude Mimran connaît la rengaine. Depuis que

son père est décédé, en 1975, c'est lui qui, parlant de Richard Toll, explique « qu'on ne pouvait investir de telles sommes sans l'assurance de débouchés fixes et sûrs ». Les prix sont donc garantis. Et si Richard Toll est une mine pour le groupe Mimran, l'accord est finalement rentable pour tout le monde. La ville, qui comptait 5 000 habitants en 1980, en a aujourd'hui près de dix fois plus; la Compagnie sucrière sénégalaise fait vivre 100 000 habitants; le barrage de Kheune, sur le Sénégal, a permis de mettre en culture toute une région désertique... Si le monopole du sucre est contesté, les Mimran, aujourd'hui encore premiers employeurs privés du pays, restent, en Afrique, des notables. Riches et respectés.

Jacques Mimran avait été l'ami de Leopold Senghor, mais aussi de Georges Mandel, d'Edgar Faure, de Charles Pasqua et de Pierre Mendès France. Entre autres. Son fils Jean-Claude est resté fidèle à Senghor et entretient des relations étroites avec d'autres chefs d'État africains, Abdou Diouf, Mobutu et Bongo. Il est aussi écouté de ceux qui, à Paris, sont en charge des dossiers franco-africains. Et le groupe Mimran connaît depuis longtemps les réseaux de l'argent politique. Seule difficulté : en 1983, une société française appartenant à la famille, l'Otet, fait faillite. Officiellement, le directeur a tenté d'arroser des élus. Et Jean-Claude Mimran perd plusieurs millions de francs dans l'affaire.

Le jeune homme un peu trop gâté – n'était-il pas en 1980 candidat au rachat du Palais de la Méditerranée à Nice? – a mûri. L'héritier s'est mué en chef de clan : ses deux frères ont un rôle secondaire, ses trois fils l'entourent. Il est devenu un homme d'affaires, décontracté, réfléchi et ambitieux. C'est l'image qu'il cultive en 1985. Après Olida-Caby, les observateurs, comme la communauté financière, s'attendent à de nouvelles initiatives. Est-il un dossier de l'agro-alimentaire qui bouge que, systématiquement, le nom de Mimran est prononcé.

Rien, pourtant, ne viendra.

Deux ans plus tard, Jean-Claude Mimran n'aura fait qu'un bref tour de piste : il s'est désengagé d'Olida-Caby sans l'avoir redressé. Et il a quasiment disparu de la scène. Habitué à diriger son empire seul et d'une main de fer, il n'a pu se plier aux règles de la communauté parisienne des affaires; quant aux chiffres de son groupe, ils manquent de transparence. Sans doute chacune des sociétés africaines est-elle rentable, mais il n'y a toujours pas de comptes consolidés. Certes, des conventions avec les États africains permettent, selon la formule, « le libre transfert des bénéfices réalisés », mais les différentes holdings européennes de la famille, alimentées par les bénéfices africains, sont installées dans des « paradis fiscaux » : la Codesca au Luxembourg, la Cogetrac au Liechtenstein, la Westkade Explotatie et Maxhill B.V. aux Pays-Bas. Plus quelques entités à Monaco. Le secret est finalement trop bien gardé. A vouloir ainsi jouer à la fois dedans et dehors, Mimran s'est en quelques mois fermé les portes de l'establishment français. Celui-ci le rejette. « Aussi vrai, raconte un banquier privé, que les banquiers français n'apprécient guère de traiter avec un homme qui, quand il vient les voir, dispose ses gardes du corps entre sa voiture et l'entrée de la banque. » Aussi vite qu'il était apparu, le « prince de Richard Toll » est devenu un marginal du business tricolore.

Mimran n'a pas pour autant abdiqué toute ambition. Loin s'en faut! Et celle qui l'agite en 1987 ne manque pas d'allure. La BIAO est, sur le continent noir, une institution. Y jouer un rôle important pourrait offrir à l'homme d'affaires le levier financier qui lui manque. Lui permettre aussi d'intensifier sa présence dans les pays où il travaille. Enfin, lui donner, à Paris, l'assise financière qui lui fait défaut.

Un beau projet. Opportun pour beaucoup de monde. Car la BIAO est une banque dont, depuis quelques années, presque tous les actionnaires souhaitent se désengager. A commencer par le plus important d'entre eux, la BNP elle-même, la Banque nationale de Paris, la première banque française, qui a déjà son propre réseau africain. Mais il y a loin de la coupe aux lèvres. Car la BIAO est une banque majeure, tout au moins pour les intérêts européens sur le continent noir.

L'Afrikabank existe sous sa forme actuelle depuis 1965. Au moment de sa création, la BNP, issue de la fusion de la Banque nationale du commerce et de l'industrie, et du Comptoir national d'escompte et de placement, se retrouve avec plusieurs réseaux africains. Les BICI d'abord, les banques internationales de commerce et d'industrie, et la BAO, la Banque de l'Afrique occidentale principalement contrôlée par le Comptoir. Apparemment logique, la fusion n'est cependant pas décidée. Pour plusieurs raisons : la France recouvre quelques-unes de ses prérogatives passées, d'ordre économique; les pays africains sont considérés en phase de « pré-décollage »; et le credo bancaire est au développement des réseaux. Les deux entités sont donc maintenues.

La BAO, sans doute l'établissement financier le plus ancien du continent noir, se transforme alors en Cofifa (Compagnie financière France-Afrique). Les activités bancaires sont apportées à une nouvelle société qui prend le nom de BIAO. Le projet est double. Le réseau bancaire de l'ancienne BAO doit être « individualisé » par pays. La BIAO sera donc une fédération, un groupe. Mais elle doit aussi être internationale. Elle reçoit les apports d'une filiale à 100 % de la First National City Bank. La First National, la première banque américaine, prend 49 % de la Cofifa. Le reste, 51 %, est partagé entre la BNP, Rothschild, le Crédit commercial de France et la Banque de l'Indochine, devenue Indosuez. Un beau tour de table.

Le schéma, bien français, est compliqué à souhait. Surtout, la BIAO se révèle rapidement fonctionner davantage comme un instrument politique aux mains de Paris que comme une banque.

– Dire que les partis politiques africains y avaient un compte est énoncer une évidence connue de tous, raconte un cadre de cette époque. Et comme les pays africains, alors en phase de semi-révolution, n'avaient souvent qu'un parti unique, le compte était celui de l'État. Dès lors, il y avait deux sortes de dossiers : ceux où étaient impliqués une personnalité politique, le pouvoir en général, les intérêts supérieurs de la nation gabonaise, sénégalaise, ou autre, et les autres.

« Sur les premiers, le métier était facile : nous n'avions guère à négocier les formes de nos participations, ni le montant de nos engagements, ni leurs taux. S'il était correct, je veux dire bien élevé, le représentant du pouvoir français, ambassade, Quai d'Orsay, délégation spéciale, qui en décidait, nous conviait à ses réunions. On arrivait pour ajuster les détails.

« Sur les autres cas, nous nous efforcions de faire notre métier de banquier... Parfois, oui, nous y arrivions... »

Est-ce ce rôle un peu particulier qui entraîne un sous-provisionnement des risques? Celui-ci, dès l'origine, est patent. A peine entrée, la First National réclame d'avoir son mot à dire sur la gestion, et comme Paris ne le lui accorde pas, les Américains demandent à se retirer. A la Cofifa, la BNP, nationalisée, fait la loi, et les banques françaises privées qui siègent à ses côtés deviennent, elles aussi, rapidement désireuses de céder leur part.

En 1973, Jean Dromer, directeur général adjoint de la BNP, grand commis gaulliste (il a travaillé auprès de Maurice Couve de Murville, premier ministre, et au secrétariat général de la Présidence de la République), prend la présidence de la Cofifa. Il se retrouve deux années plus tard à la tête de la BIAO. Pour lui, cette dernière ne peut espérer se développer avec « la situation absurde d'avoir pour principal actionnaire la banque qui est aussi actionnaire de son principal concurrent ». Il s'agit donc de trouver un destin propre à l'Afrikabank : ce sera celui d'une banque à vocation d'abord africaine. Dromer, qui aime l'Afrique, sent qu'il y a là une véritable opportunité.

En 1975, les Américains vendent. Ils sont remplacés par un tour de table diversifié qui doit asseoir la vocation internationale et l'indépendance de la BIAO : on trouve la Banco do Brazil, l'Union de banques suisses et aussi la Compagnie inter-africaine de banque, une holding luxembourgeoise contrôlée par des institutions publiques inter-africaines. Côté français, l'actionnariat de la Cofifa reste identique.

Dromer va remuer la banque. C'est l'époque du « boom » économique africain. Les pays où est installée la BIAO ne sont pas les plus mal placés. De nombreux projets voient le jour. La BIAO, en quelques années, devient incontournable : elle est la première à lancer dans ces pays-là le crédit-export ; elle pratique à grande échelle le financement de « soft commodities » : café, céréales, cacao, viande, engrais, coton ; et organise aussi des activités de « barting » : riz contre chrome, coton contre pétrole et café..., très largement développées avec les pays d'Amérique du Sud : Argentine, Paraguay, Uruguay. La BIAO est aussi en pointe sur ce qui deviendra le « financement de projets ». La banque finance une opération sur laquelle elle pourra se payer, ou dont elle deviendra propriétaire en cas de pépin. Un développement tous azimuts.

Pendant un temps, à la fin des années soixante-dix, Suez souhaite obtenir de la BNP le contrôle de la Cofifa. Mais la rue de Rivoli refuse que la BIAO sorte de la sphère publique. Le projet n'aboutit pas. Malgré le développement d'activités commerciales classiques, la BIAO reste un outil de la souveraineté française en Afrique. L'un dans l'autre, Jean Dromer se taille en quelques années un fief : reçu comme un roi par les dirigeants des différents pays, adulé des grands clients privés, il jouit, en sus, de la confiance des autorités françaises. Mieux que n'importe quel autre, « le président Dromer » connaît les ressorts des affaires en Afrique. Il est là-bas chez lui et la BIAO devient peu à peu sa chose. « Lui sait parler aux Africains, car il les aime », explique-t-on aujourd'hui, avec nostalgie, dans une ambassade africaine à Paris.

Mais sous le soleil africain, les hommes de la BIAO prennent quelque liberté avec les règles comptables parisiennes. Au Gabon, au Sénégal et en Côte-d'Ivoire plusieurs dossiers viennent secouer l'édifice. Est-ce parce que les dirigeants sentent que l'État français ne la laissera jamais tomber? Le sous-provisionnement des risques-pays reste chronique, les banques filiales, qui ont souvent reçu de mauvais crédits, sont en difficulté, et quelques initiatives malheureuses vont être prises. La plus cuisante est le « shipping » (financement de flotte de transport) en Grèce, dans lequel la banque perd plusieurs dizaines de millions de dollars.

Surtout, avec le très sévère retournement de la conjoncture pour les pays africains, dès le milieu des années quatre-vingts, les affaires deviennent de plus en plus « serrées ». L'aide des pays développés à l'Afrique se réduit considérablement, alors qu'entre l'endettement massif (100 milliards de francs pour les pays subsahariens), la chute des cours du pétrole d'abord, puis de ceux des matières premières minières et agricoles, l'étau se resserre. La BIAO, plus que d'autres, est exposée.

Au début des années quatre-vingts, certains partenaires français se retirent de la Cofifa : au côté du CCF (10 %), la BNP porte désormais près de 42 % du capital. Tout comme la First National en son temps, les partenaires étrangers, eux aussi, souhaitent sortir. Mais minoritaires, piégés, ni l'UBS, ni la Banco do Brazil ne trouvent acquéreurs de leurs parts. Pour autant, aucun d'eux n'est décidé à mettre de l'argent dans la BIAO. Au total, celle-ci se retrouve avec une maison mère, la BNP, principalement préoccupée, en ces temps plus difficiles pour l'Afrique, par son propre réseau africain, les BICI.

Un temps, le tout-puissant Crédit agricole, à la recherche d'un développement international, se met sur les rangs pour reprendre la banque. Mais le montage, in extremis, capote en 1985. Deux ans plus tard, le problème paraît de nouveau réglé.

En juillet 1986, Jean Dromer est nommé à la tête du groupe bancaire français CIC, Crédit industriel et commercial. Cet ensemble de banques régionales françaises, à la cohérence industrielle incertaine, est bien malade. Mais Dromer, qui aime et l'Afrique et la BIAO (dont il a dû démissionner), se pique d'adjoindre au groupe CIC ce qu'il baptise pour l'occasion une « banque régionale internationale ». L'ex-directeur de la BNP parvient à un accord avec son ancienne maison, toute heureuse de l'aubaine, pour que le CIC reprenne la part de la BNP. Le Trésor et la Banque de France sont, eux, satisfaits, qui veulent que la tutelle de la BIAO reste à un groupe français de poids. Début 1987, l'affaire paraît dans le sac : le prix est négocié, les documents sont prêts, il n'y a plus qu'à signer...

Mais les grands commis, aussi, déménagent à l'improviste. En mai 1987, Édouard Balladur appelle soudainement son ami Dromer à remplacer Yvette Chassagne à l'UAP, l'Union des assurances de Paris. « Quand le ministre d'État vous demande cela, raconte Jean Dromer, même si on a été nommé à la tête d'un groupe quelques mois auparavant seulement, on s'exécute. » Le grand commis obéit donc et part place Vendôme. Son successeur au CIC, Jean Saint-Geours, trouve sur son bureau le projet BIAO. « C'est, raconte-t-il, le premier dossier que j'ai ouvert en arrivant. » Moins passionné d'Afrique que Dromer, Saint-Geours ne donnera pas suite. Le CIC a suffisamment de travail avec ses filiales régionales... françaises. In extremis, la BNP, une fois de plus, garde donc la BIAO.

Tout en restant bien décidée à s'en défaire. Et comme le hasard fait parfois bien les choses, en ce milieu d'année 1987, une opportunité de rechange se présente immédiatement. Un des meilleurs clients de la BNP, justement, s'intéresse lui aussi à la BIAO. Mieux : Jean-Claude Mimran, depuis quelque temps, se focalise sur les synergies qu'il pourrait créer entre son groupe et « l'Afrikabank ». Une idée en effet séduisante, tout au moins sur le papier.

Qui la lui a donnée? Avec justesse, on fait remarquer à la BNP que Mimran est suffisamment avisé pour l'avoir eue tout seul. Quant à savoir s'il aurait reçu des engagements de la banque présidée par René Thomas, ami de François Mitterrand... Mimran est l'un des plus gros clients de la première banque française. Un point c'est tout!

Pour le reste, et notamment le feu vert de la Banque de France que Mimran paraît certain d'obtenir, la BNP reste muette. La question se pose pourtant.

Car Mimran a son projet. Et il y croit.

En plaçant dans la Cofifa, au côté de la BIAO, les sociétés industrielles de son groupe, l'homme d'affaires aurait enfin cette « holding cotée » dont il avait parlé en 1985. Le tout ne manquerait pas d'allure! Cependant, il vend la peau de l'ours avant de l'avoir tué. Car une banque française ne s'achète pas comme un vulgaire fabricant de charcuterie-salaisons.

Aussi, avec plus de discrétion et plus de réalisme, l'homme de Richard Toll va-t-il d'abord, très classiquement, prendre position dans la Cofifa.

En mai 1987, au moment où les négociations entre le CIC et la BNP achoppent parce que Jean Dromer rejoint l'UAP, le Crédit commercial de France, qui vient d'être privatisé, cède les 10 % qu'il détient dans France-Afrique. A Jean-Claude Mimran. La transaction, 41 millions de francs environ, se fait sur la base du cours de Bourse. Celui-ci vient justement de s'envoler spectaculairement! Alors que le marché enregistre depuis quelques semaines une espèce de « pause », la France-Afrique, elle, est passée de 950 à 1 600 francs. Sans doute tirée par les achats réguliers de Mimran : car celui-ci ramasse. Et on parle déjà, en Bourse, d'un « bloc » d'environ 9 % du capital qu'aurait cédé la BNP.

Mimran passe donc par le marché. De fait, à la sortie de l'été 1987, il se retrouve avec, officiellement, tout près de 20 % du capital. Mimran l'Africain peut-il, à ce stade, deviner ce qu'est l'intransigeance de la Banque de France? Pour lui, le feu vert ne manquera pas d'être accordé. Il est sûr de son fait. Habitué, en Afrique, à négocier directement avec les chefs d'État, et à être entendu, Mimran compte sur ses relations.

Depuis de longues années, Jean-Claude Mimran connaît bien Charles Pasqua. Dans les années soixante, celui-ci, alors directeur des ventes à l'exportation du groupe Ricard, côtoyait déjà Jacques Mimran. Il a connu Jean-Claude très jeune. Et a reporté sur le fils l'amitié qu'il avait pour le père. Fidèle, l'occupant de la place Beauvau, en cette période de cohabitation, ne va pas ménager ses efforts pour appuyer la candidature de Mimran auprès de son collègue de la rue de Rivoli.

Mimran fait aussi prévenir le ministère de la Coopération, celui de Michel Aurillac. Tandis qu'auprès du Comité des établissements de crédit, là où les interventions ne peuvent être directement politiques, c'est un ancien inspecteur des finances qui se charge du « lobbying ». Enfin, les dirigeants de la BNP, eux-mêmes, ne paraissent pas du tout opposés à ce que le Tout-Paris bancaire baptise alors « une solution Mimran ».

Confiant, l'homme d'affaires déclenche donc les achats. Ainsi sera-t-il prêt le moment venu et surtout, si la Banque de France lui oppose un refus, aura-t-il cependant les moyens de se faire entendre à la Cofifa. A côté de ses propres 20 %, officiels, il pourra alors compter sur les voix des différents blocs de « moins de 5 % du capital » qu'auront constitués les amis de Leprêtre.

Car cette « partie »-là, celle des opérations sur le marché est, en effet, celle de Louis Leprêtre. Et l'associé gérant de l'IPGF s'en acquitte. Il doit aller « chercher » une partie du capital de la Cofifa. Au côté de la BNP, qui vient de faire passer son contrôle de 42 % à 34 %, des 20 % de Mimran, de l'UAP qui porte 6,4 %, on trouve le groupe d'assurances Victoire avec 4,7 %, un remisier à la retraite et sa famille qui ont 13 %, une petite banque, sous-filiale de l'UAP, et le public. Leprêtre négocie, achète, ramasse. Pour loger les titres, il a fait appel à des « amis ». Les choses se présentent bien. Du joli travail!

Sauf que, le 19 octobre, le scénario se grippe gravement.

Ce jour de krach, et dans les semaines suivantes, la quasi-totalité des titres de la cote s'effondrent. Parmi les rares rescapés, la « France-Afrique » se distingue : elle va au contraire atteindre ce que les boursiers appellent des « plus hauts », c'est-à-dire ses meilleurs cours de l'année. Quelqu'un continue d'acheter. C'est l'IPGF.

Que s'est-il passé? Les « amis » qui devaient prendre le papier Cofifa ramassé par l'IPGF renoncent à l'acquérir. Ces « institutionnels », ayant vu baisser de 20 %, de 30 %, voire même de 40 %, leur portefeuille ont alors évidemment mieux à faire qu'à participer à un portage. Aussi Louis Lepêtre doit-il, seul, soutenir les cours : d'abord pour ne pas laisser s'effondrer la valeur des Cofifa qu'il détient; ensuite parce que Jean-Claude Mimran attend pour bientôt l'accord de la Banque de France et qu'il rachètera le « bloc » à son prix de revient, commission en sus. Il en est tellement sûr qu'avec ses amis de la BPIA, la filiale de Duménil-Leblé, Leprêtre prépare les termes d'un emprunt obligataire que Mimran projette de lancer sur la Cofifa. Le calendrier est au point : une assemblée générale extraordinaire de la Cofifa se tiendrait le 15 janvier; le mois suivant une OBSA, obligation à bon de souscription d'actions, serait lancée : 750 millions de francs à Paris; autant à Genève... Or cette obligation devant être émise à 2 200 francs, il est nécessaire de tenir le cours près de ce niveau.

L'IPGF « avale » donc. Y compris les titres de ceux qui, ayant acheté du papier en accord avec Leprêtre avant le krach, sont trop contents, après la tempête, de le redonner à bon prix.

Combien de titres au total? La société va se retrouver fin 1987 avec autour de 20 % du capital de la Cofifa. Plus de 50 000 titres. Ce qui représente la bagatelle d'environ 105 millions de francs. Car on est au marché au « comptant ». 105 millions! La somme est évidemment inabordable pour une maison comme l'IPGF. C'est là que le bât blesse.

En réalité, les différents titres acquis par l'IPGF le sont par l'intermédiaire de la charge Baudouin. Bien sûr, la société de remise n'a ni le droit ni la couverture financière nécessaire pour procéder à un montage tel que celui réalisé sur la France-Afrique. Mais fort de la position qu'il a acquise auprès de Louis et Jacqueline Baudouin, Leprêtre joue sur du velours. La confusion des rôles est à son avantage : un peu client, un peu associé, un peu administrateur... Usant successivement de ses différentes casquettes, et signatures, Louis Leprêtre, pour réaliser ses opérations, utilise les différents comptes de la charge. D'autant qu'il a, à certains postes clés, quelques-uns de ses meilleurs amis. Ainsi place-t-il du Cofifa chez les clients, mais aussi dans les « comptes maison » de la charge, tout comme il en « attribue » aux clients de l'IPGF. Quant aux titres acquis directement par l'IPGF, ils ne sont pas réglés à la charge Baudouin. Au total, l'essentiel du « portage » est ainsi assuré par les comptes de Baudouin SA.

Leprêtre, ce faisant, fait courir de graves risques à la charge : si le cours des Cofifa baisse, ce sont tous les engagements pris sur cette valeur qui perdent plusieurs millions de francs. Ce qu'on appelle le risque « d'écart de cours », concentré ainsi sur un seul titre, est énorme.

L'associé-gérant de l'IPGF le sait évidemment très bien. Mais il est engagé dans un pari. S'il réussit son coup, il touche le gros lot : l'IPGF recevra la commission négociée; les clients revendront leurs titres; la charge fera de même. Louis Leprêtre est manifestement d'un naturel optimiste...

Et en cette fin 1987, il se multiplie. A côté du dossier Cofifa, Leprêtre a fait ramasser par Baudouin, toujours pour le compte d'IPGF, jusqu'à 487 000 titres Olida-Caby. Près de 20 % du capital! Par deux « applications » (transactions à un prix convenu), la société va recéder 200 000 titres à la direction d'Olida. Mais Louis Leprêtre, parce qu'il gère les comptes de Jean-Claude Mimran, sait que celui-ci, via sa société hollandaise Max-hill, détient encore 10 % du capital de la société de charcuteries-salaisons. Et qu'il les négocie avec Christian Pellerin et Gilbert Salomon, les nouveaux propriétaires du groupe. Un prix est convenu pour la transaction : 300 francs. Dès lors, Louis Leprêtre compte, en même temps que les 10 % de Mimran, glisser les 287 000 actions qu'il conserve et dont, pour l'heure, on ne lui propose pas assez cher à son goût.

Le calcul est loin d'être insensé : car en septembre, en accord avec la COB, la société de remise a réalisé tout le montage d'augmentation de capital d'Olida-Caby.

Cette opération s'est faite en deux parties : une émission de 1,1 million d'actions nouvelles et simultanément une émission de 125 000 obligations à bons de souscriptions d'actions. Tout à fait intéressante : à chaque obligation sont attachés sept bons et chaque bon donne le droit d'acheter, d'ici 1995, une action Olida à 180 francs. Or quelques semaines seulement après l'émission, l'action Olida cote 220 francs. Le détenteur du bon gagne déjà 40 francs par titre. Celui d'une obligation gagne, lui, 280 francs. L'« effet de levier » est très important.

L'IPGF, après le lancement de l'opération, a « récupéré » une grande partie des bons de souscription. Environ 190 000. Et Leprêtre espère bien les « exercer » au moment où le cours de l'action aura atteint 300 francs. Pour l'associé-gérant de l'IPGF, le coup est facile à jouer. Il sait que le cours doit monter. Et il se « bourre » de titres d'autant plus facilement qu'il vient d'être maître-d'œuvre dans l'augmentation de capital. On frôle le délit d'initié. La vie du marché est faite, il est vrai, de telles opérations.

Mais en attendant, l'IPGF se retrouve avec beaucoup de titres : 287 000 actions et 190 000 bons. Et elle est en position largement débitrice.

Cofifa, Olida... ce n'est pas tout. Sur le marché obligataire aussi, Leprêtre, en cette fin d'année 1987, place la charge en situation délicate. Est-ce le succès qui le grise, le fait d'avoir trop de dossiers à gérer, l'espoir de tout voir se boucler d'ici peu qui le pousse à accepter de se retrouver, pour un temps limité pense-t-il alors, en position difficile?

Toujours est-il que les comptes dérapent également sur le « marché primaire ». Là, Leprêtre a vendu à certains institutionnels des titres sans les avoir auparavant souscrits. Il a été payé. Mais il reste à « livrer » les titres. Il faut donc les racheter.

La technique est classique : les obligations, sur ce marché, doivent être livrées plusieurs mois après avoir été payées. La mécanique consiste donc à les vendre à un prix, en espérant que le cours va baisser de façon à les payer moins cher au moment de les livrer.

Sauf que Leprêtre va ainsi vendre beaucoup de papier. Sans doute doit-il inversement en recevoir. Mais au final, il se retrouve avec 70 millions de francs environ de titres à racheter. Sur lesquels il y a le risque de voir les cours monter. Entre les différents intermédiaires, banques, charges..., la comptabilité de la place de Paris, débordée, permet aisément la mise en place de ce qui ressemble fort à de la « cavalerie ». Mais la charge Baudouin, puisque là encore c'est elle qui passe les opérations, augmente d'autant son débit auprès de la Chambre syndicale. Ainsi Leprêtre, via la charge, se fait financer pour toutes ses opérations par la Chambre.

Enfin, l'IPGF se laisse surprendre par le « lundi noir » du 19 octobre. A partir de là, la fuite en avant est claire. Pour améliorer la situation du compte personnel de Mimran chez Magnin-Cordelle, Leprêtre y transfère des titres jusqu'alors détenus par Maxhill, la société de Mimran qui a un compte à l'IPGF. De la même façon, pour redresser les comptes de certains clients importants de la société de remise, particulièrement affectés par le krach, il ne va pas hésiter à faire des opérations vis-à-vis de Baudouin, désavantageuses pour la charge. Mais comme il est aussi administrateur-délégué de la charge, et que certains des clients de Baudouin se plaignent également, il réalise des opérations symétriques à quelques jours d'intervalle.

Fin octobre, il imaginera, pour améliorer les comptes des clients, de leur « affecter » les bons de souscription Olida-Caby, largement gagnants. Calcul jouable. Les clients auraient terminé l'année du krach avec des comptes n'ayant pas perdu d'argent! Mais Leprêtre croit à une reprise de la Bourse, et décide au contraire de doubler quasiment les engagements des clients sur le marché à règlement mensuel. Surtout, cet optimisme lui permet de loger des Cofifa qu'il a ramassées dans différents comptes.

Perd-il pied? Non. L'homme a toujours, dans sa tête, ses différents projets, les portefeuilles de ses différents clients, l'état du capital de la Cofifa, les sommes qu'il doit et celles qui lui sont dues, les comptes de l'IPGF et ceux de Baudouin... Et tout cela ne l'empêche pas de penser à bien vivre. Fin 1987, il commande une voiture de luxe. Il compte l'offrir comme cadeau de Nouvel An à Yves Royer. L'IPGF a déjà huit véhicules dans son parc automobile : BMW, Audi, Peugeot... et aussi une MGB-GT de collection, laissée en gage par une cliente en peine de liquidités...

En fait, Louis Leprêtre pense que toutes les difficultés issues du krach pourront être couvertes par la commission que l'IPGF recevra pour l'opération Cofifa. Or l'issue paraît se préciser. Les conseils de Mimran reçoivent des assurances. « Le feu vert est proche; la situation va se débloquer. » Une fois, deux fois, trois fois... à quelques jours d'intervalle, la voie paraît se dégager. Mimran et Leprêtre, qui sont en contact avec un journaliste financier pour lui vendre leur affaire une fois l'autorisation donnée, et expliquer publiquement les raisons pour lesquelles Mimran entre dans la BIAO, le joignent, ces semaines-là, à plusieurs reprises.

– Le scoop est pour vous. C'est bon. Vous allez pouvoir écrire! On se voit demain...

Demain, demain... Le dossier, plusieurs fois, est bloqué. Il traîne dangereusement. Visiblement, le comité des établissements de crédit rechigne à instruire cette affaire. Y a-t-il vraiment un dossier remis par Mimran? Faute de pouvoir présenter des comptes au travers d'un organigramme clair dans lequel apparaîtrait la holding que l'homme d'affaires souhaite faire entrer dans Cofifa, les conseils de Mimran en sont réduits à présenter des notes.

Louis Leprêtre y croit cependant. Il prépare l'émission obligataire de la Cofifa qui est pour lui la grosse affaire pour laquelle il délaisse quelque peu les autres.

Entre les locaux de l'IPGF rue Sainte-Anne, ceux de la charge Baudouin deux étages au-dessus, et ceux de la rue de Provence, Leprêtre passe partout en coup de vent. Peut-il dans ces conditions travailler à sa mission de « constitution d'un tour de table d'actionnaires » pour le rachat de la charge? Un temps, un projet existe, où l'on retrouve les différents amis de Leprêtre : des caisses de retraite, une mutuelle...

Certains contacts seront plus sérieux. Avec Finacor, un établissement financier spécialiste des opérations de marché, les négociations, avant le krach, avanceront. Achoppant, comme achopperont sur ce point beaucoup de contacts charges-banques, sur le prix. Le célèbre broker américain Merril Lynch s'intéressera lui aussi au dossier, tout comme la banque Oppenheimer de Cologne, et le KIO, le Koweit Investment Organization. Mais sans succès.

La présence de l'IPGF dans le capital de la charge n'est pas de nature à satisfaire un éventuel institutionnel classique. Ils ne le disent pas encore mais, à de rares exceptions, les « repreneurs » vont vouloir être maîtres chez eux, placer leurs hommes, imposer leurs méthodes. Or le pouvoir dans une société de Bourse ne se partage pas. Et nombreuses sont évidemment les banques classiques à buter sur le rôle que Leprêtre et Royer prévoient de jouer, à terme, dans la maison.

D'autant que Louis et Jacqueline Baudouin, eux aussi, se montrent exigeants. L'agent souhaite conserver une partie du capital de la charge. Dans un premier temps, il espère même ne faire entrer que des associés « minoritaires ». Passé quelques semaines, il réalise que cette exigence est une chimère. Comme ses confrères, il descend donc sa position d'un cran, ne souhaitant plus que conserver une part minoritaire. Exactement ce que prévoit la réforme : les institutionnels ne pourront que progressivement entrer dans le capital des ex-charges. Sur trois ans : 30 %, 49 %, 100 %.

Cela ne débloque pas la situation rue de Provence. Car la charge n'est toujours pas passée sous le régime de la société anonyme, ce qui ne facilite pas les négociations. Et en confiant à Louis Leprêtre la mission de réaliser le « tour de table », Louis Baudouin s'est lié à la société de remise. Il s'est fermé beaucoup de portes.

Quant à Leprêtre, Xavier Dupont le convoque dès octobre 1987. Le syndic lui explique que la Chambre ne peut accepter sa nomination comme administrateur délégué. L'accord avec Louis Baudouin peut bien avoir été conclu sous seing privé, cela ne change rien. Parce qu'il y a coresponsabilité des agents de change, toute décision de ce type doit être avalisée par la Chambre. De plus, le titre d'administrateur délégué n'existe plus, en droit des sociétés, depuis 1966. Et ce n'est pas tout : la Chambre refuse également l'option avec possibilité de substitution que l'IPGF détient sur le capital de la charge. Faute en effet de savoir au profit de qui l'IPGF pourrait recéder les parts, la Chambre ne peut agréer le montage.

Aussi, à l'issue de ces entretiens, Louis Leprêtre sait que ses projets sont largement contrariés. Mais il a mis un pied dans la place, et il attend. Il comprend dorénavant qu'il ne pourra sans doute jamais diriger une société de Bourse. Mais il ne renonce pas à y jouer un jour un rôle déterminant. Les opérations qu'il monte, fin 1987, devraient lui permettre de boucler son schéma : transformation de la société de remise en établissement financier, entrée en bonne et due forme dans le capital de la charge Baudouin...

On peut s'étonner de l'immobilisme de la Chambre syndicale des agents de change. Xavier Dupont réagit, certes, mais, durant ces mêmes semaines, la place de la Bourse ne va pas se priver d'un certain interventionnisme! Quand, après le krach, la charge Ferri, celle du premier adjoint du syndic, enregistre une grosse « paume » sur le MATIF, près d'une centaine de millions de francs, et que contrairement à ses intentions le titulaire est obligé de trouver un partenaire pour le soutenir, c'est en quelques minutes que l'affaire est réglée.

Alain Ferri le raconte lui-même :

– Il n'était pas question que la charge du premier adjoint puisse être en difficulté. Un beau matin, on m'a dit : le Crédit foncier de France te reprend à 51 %!

Rassuré pour l'immédiat, Alain Ferri se retrouve finalement bien inquiet. L'agent n'aura de cesse, dans les semaines suivantes, de parvenir à conserver son indépendance. Ce qu'il réussira finalement en contenant le Crédit foncier et d'autres investisseurs à 30 % de son capital.

L'anecdote prouve en tout cas que, si elle veut, la Chambre syndicale peut. C'est d'ailleurs de la même façon, après une perte sur le MATIF, qu'est conclu l'un des rachats effectués par le Crédit agricole : négocié, en quelques jours, entre la place de la Bourse et la direction du groupe bancaire. Dans ces mois de fin 1987-début 1988, quatre autres dossiers, au moins, sont ainsi pris en main par la place de la Bourse. Par-dessus la tête des titulaires.

S'agissant de la maison Baudouin, la Chambre, au contraire, en 1987, reste à l'écart. Elle paraît même se désintéresser du cas Baudouin. Délibérément? C'est ce que laisse penser l'état de ses interventions chez le titulaire Baudouin [1].

1. Source : Chambre syndicale des agents de change.

A la mi-1985, la Chambre se rend rue de Provence. Visite dite « ordinaire ». Cinq mois plus tard, en novembre, la visite est dite « complémentaire ». En mai et juin 1986, la Chambre écrit à Louis Baudouin au sujet des agissements de deux de ses traders. Début juillet 1986, l'agent de change et ses fondés de pouvoir sont « entendus » par la Chambre syndicale. Un mois plus tard, en août, mission est donnée à Régis Rousselle d'établir un rapport sur la situation de la charge. Début octobre, à l'issue de trois mois de travail, il rédige un premier document. Quelques jours plus tard, il reçoit « mission d'assistance et de contrôle » auprès du titulaire Louis Baudouin « avec les pouvoirs les plus étendus... » pour une durée indéterminée. Le 10 décembre 1986, il remet un nouveau rapport d'enquête. La dernière intervention de la Chambre se situe le 6 janvier 1987.

A partir de cette date, plus rien! Tout 1987, pendant cette année pourtant cruciale, celle de la réforme, et même en juin, lorsque deux des fondés de pouvoir démissionnent, la Chambre syndicale ne diligente plus personne à la charge Baudouin : ni contrôle ni rapport. Ce n'est qu'en décembre 1987, en catastrophe, qu'elle reviendra rue de Provence. Très tard, trop tard!

A en juger par les rapports établis fin 1986, le « cas » Baudouin avait pourtant de quoi inquiéter les responsables de la place de la Bourse.

L'intervention de Régis Rousselle, alors adjoint de Xavier Dupont, est suscitée par des observations de la COB. Celle-ci, depuis quelques mois déjà, s'inquiète des opérations de deux des traders de chez Baudouin. Mais dans les années 1985-1986, la COB est démunie. Ses pouvoirs sont absurdement limités : elle n'a pas le droit de s'intéresser à l'ensemble des opérations d'un client ou d'un intermédiaire, mais seulement d'ouvrir une enquête sur les mouvements autour d'une valeur. Ce qu'elle fera effectivement.

Les inquiétudes du Quai Citroën ont cependant été bien entendues place de la Bourse. Et confirmées par Régis Rousselle. Voici ce que ce dernier écrit dans son rapport au sujet de deux opérateurs clés de la charge :

« MM. A et B [1] *sont sans doute des techniciens du marché dont les services peuvent être appréciés en tant que tels par des gérants. Ils ont en outre un sens de l'évolution de la tendance qui leur a permis des spéculations personnelles à la hausse très fructueuses au cours de ces 18 derniers mois (mais comme beaucoup d'autres sur la place).*

Ce qui choque, *c'est l'importance de leurs opérations : ils en sont arrivés à tourner 50 à 100 millions de francs de papier par mois. Cela ne garantit pas la neutralité et l'impartialité que le code de déontologie exige des mandataires chargés des négociations.*

Ils expliquent ces opérations comme une constitution de blocs qui seront ensuite proposés aux clients et justifient le fait qu'ils utilisent cette méthode et leurs comptes personnels par l'absence tant de services (en particulier d'analyse) que de capitaux de la Charge... ce qui est vrai.

Ce qui intrigue, *c'est la fréquence des gains et celle d'une contrepartie aux blocs ainsi constitués : la BNP. Les mauvaises langues disent que A et B sont mis au courant des programmes d'achat ou de vente des Sicav de cette banque. Ainsi à l'achat, ils font l'acquisition des titres sur le marché pour leurs comptes personnels. Le programme d'achat a pour effet, dans la grande majorité des cas, de faire monter les cours. Les titres sont revendus à la BNP avant la fin du*

1. A, B et la famille Z n'ayant finalement pas été poursuivis, il ne saurait être question de reproduire ici les initiales des noms figurant dans le rapport de Régis Rousselle.

programme d'achat. Il n'a pas été possible à ce jour d'infirmer ou de confirmer cette mécanique.

Ce qui trouble, *c'est la similitude des opérations sur les comptes personnels de A et B, sur les comptes de la famille Z* [1] *dont B est remisier et que la rumeur dit être des prête-noms et enfin sur les comptes de la Banque Cantonale Vaudoise que la rumeur dit abriter des comptes suisses de A et B ou d'éventuels " complices ".*

Mais à ce jour, il n'apparaît pas possible de confirmer ces bruits. Seule une enquête qui dépasserait le champ des possibilités de contrôle de la Chambre syndicale permettrait d'y voir clair. »

Incroyable aveu d'impuissance! Et incroyable immobilisme! En dépit de cela, et alors que Régis Rousselle dresse, dans ce rapport de fin 1986, un constat aussi sévère sur les agissements de certains responsables du service obligataire de la charge, la Chambre syndicale ne donne pas suite. Troublante retenue...

La charge Baudouin vit donc sa vie. A la mi-1987, elle n'a plus qu'un seul fondé. L'homme qui, plus ou moins, doit tenir les rênes, Louis Leprêtre, est très occupé. Trop. Et surtout de ses propres affaires. Jacqueline Baudouin s'en rend bien compte. Elle ne gouverne pas les équipes, certaines opérations lui échappent, elle ne peut être à la fois rue de Provence et rue Sainte-Anne. La situation est difficilement tenable...

Dans le courant de l'été, elle fait appel à quelqu'un de « l'extérieur ». Un an presque jour pour jour après elle, c'est un de ses proches qui arrive à la charge. Certains savent effectivement dans la maison que Jacqueline Baudouin a un frère aîné, libraire à Paris. Il est

1. Voir note page précédente.

d'ailleurs venu, au printemps, vérifier le déroulement de certains travaux.

Celui-ci vient donc s'installer rue Sainte-Anne, au quatrième étage, dans les locaux annexes. Il occupe un petit bureau. Il est chargé de superviser les services obligataires. Discret, celui qui, dans la maison, devient « le frère de Madame Baudouin » parle calmement. Il cherche à comprendre comment fonctionnent les marchés. Il interroge un peu les uns, discute avec d'autres. Il encadre. Bienveillant. Mais il intervient parfois de façon très ferme.

De taille moyenne, les cheveux gris, des lunettes d'écaille rectangulaires, il a le bras droit atrophié. Immobile.

7.

La chute du Palais Brongniart

La Pyramide du Louvre brille sous la lumière d'hiver. Il fait étonnamment beau en ces journées de début décembre. N'étaient les bruits des travaux du chantier du Grand Louvre, Charles de Croisset, le nouveau directeur de cabinet d'Édouard Balladur, serait parfaitement souriant. A quatre mois et demi de la présidentielle, les membres du gouvernement ont quelque espoir. Jacques Chirac devance Raymond Barre dans les sondages. La cote du premier ministre est à la hausse. Certains assurent qu'est en train de se répéter ce qui s'était produit en 1981 : un retournement de l'opinion en faveur du challenger dans les ultimes mois précédant l'élection.

Le directeur saisit une mince note sur son bureau et la rend au « trésorien » qui se tient en face de lui. Le Trésor, ce « saint des saints » de la haute administration française vient de « regarder » le dossier BIAO.

Charles de Croisset connaît bien l'affaire. Il était numéro 3 du CCF, lorsque six mois auparavant, en mai 1987, cette banque a cédé 10 % du capital de la Cofifa à Mimran. Et il était lui-même administrateur de la société. Il sourit quelque peu de l'intérêt forcené de l'homme d'affaires pour la banque : celle-ci, cela commence à se savoir, n'est pas vraiment en bonne situation.

Depuis quelques semaines pourtant, les démarches des conseillers de Mimran dans le Paris politique se sont intensifiées, suscitant un certain amusement de la part de ceux qui, techniquement, ont à connaître l'affaire : les hommes de la rue de Rivoli bien sûr et Pierre-Henri Cassou, le très grave secrétaire général du Comité des établissements de crédit. Formellement certes, aucune demande n'a été déposée à la Banque de France. Le projet de Mimran, sur le fonds, n'est pas vraiment étayé. Mais les négociations, cependant, vont bon train. A quelques semaines de la présidentielle, Mimran sait pourtant que la période n'est pas favorable.

Pour l'heure, cependant, une issue paraît possible. Elle consiste à « rapatrier » dans l'Hexagone les différentes sociétés, qui, à l'étranger, perçoivent les bénéfices des activités africaines du groupe Mimran. Il serait créé une holding intermédiaire qui contrôlerait à la fois ses affaires industrielles et sa participation dans la Cofifa. Laquelle pourrait atteindre 33 %, le niveau de la minorité de blocage. Les activités industrielles seraient en quelque sorte garantes de la solvabilité de l'actionnaire Mimran. La BNP paraît favorable, qui a fait descendre sa participation dans la Cofifa à 34 %, juste au-dessus de la minorité de blocage. Volontairement, involontairement? On ne le sait pas encore.

Quant à l'UAP, que préside donc Jean Dromer, elle pourrait être de la partie. Le numéro 1 français de l'assurance détient déjà 6,5 % de la Cofifa. Et Jean Dromer qui, de présidence en présidence, conserve toujours la même tendresse pour la BIAO, est prêt à faire monter l'UAP à 15 %. Argument : le réseau bancaire africain pourrait fournir un débouché aux produits de la compagnie d'assurances. Les deux hommes,

Dromer et Mimran, se rencontrent place Vendôme, au siège de l'UAP. Mais le schéma ne satisfait pas vraiment Jean-Claude Mimran, lequel ne souhaite guère dévoiler les secrets de ses affaires ni soumettre leurs résultats. Quant aux dirigeants de la BIAO, ils ne sont guère favorables à une telle solution. Au siège de la banque, avenue de Messine, à deux pas du parc Monceau, Antoine d'Arjuzon, l'ancien numéro 2, qui a remplacé Jean Dromer à la présidence, feint de ne pas comprendre. « La Cofifa est la maison mère de la BIAO; nous ne sommes pas directement concernés par ce qui s'y passe », explique-t-il. Longue silhouette digne, cheveux gris, costume bleu, dans son bureau où ne traîne jamais un papier, cet amateur de peinture moderne fait, sans en avoir l'air, de la résistance. Trop compliqué, incertain.

La discussion ne dure guère longtemps dans le bureau de Charles de Croisset. Il n'y a rien à faire. Les deux hommes, le directeur de cabinet et celui du Trésor, en conviennent aisément. Pour ces technocrates, il ne semble pas possible d'imaginer donner ne serait-ce qu'une minorité de blocage à une personne physique. Et d'ailleurs pas davantage à ce groupe, dans l'hypothèse où le manager, comme ses conseils le proposent, « rapatrierait » en France certaines de ses holdings de Suisse, de Monaco ou du Liechtenstein. Ces pays ne sont pourtant pas le très marxiste Vanuatu, l'île du Pacifique où la banque Rivaud a exilé certaines de ses holdings stratégiques, ces dernières années. Ils refusent obstinément de voir les Grands Moulins d'Abidjan, les Grands Moulins de Dakar, la Compagnie sucrière sénégalaise, la Forestière de l'Indénie, l'Ivoirienne de produits alimentaires, ou encore la Sénégalaise d'alimentation animale, garants de l'activité d'une banque de droit français, même internationale, même à dominante africaine. Le dossier s'enlise.

– Un droit de vote double?

Dans la voiture qui le ramène de l'aéroport à Genève, Jean-Claude Mimran fait répéter son interlocuteur. Louis Leprêtre appelle de Paris. Le téléphone grésille et la conversation est difficile. Les deux hommes parlent fort.

– Oui, un droit de vote double... Pour les actions détenues depuis deux ans. Ce qui explique pourquoi la BNP peut aisément descendre sa participation dans France-Afrique : même avec 34 % du capital, elle a toujours largement la majorité... Ce que nous faisons ne sert à rien ou presque. Même avec 40 ou 50 % du capital, on est obligé d'attendre...

La voiture roule à vive allure sur l'autoroute qui longe le lac Léman.

L'homme d'affaires raccroche.

Le principe du droit de vote double est classique : il permet à un actionnaire, minoritaire en capital, de contrôler, au moins pendant un temps, une société. C'est une technique de défense héritée du capitalisme de « grand papa ». Elle est destinée à décourager l'agresseur... et à permettre le contrôle d'affaires avec seulement une fraction minoritaire du capital, inférieure parfois à la minorité de blocage. Aussi aberrant que cela puisse paraître, les conseillers de Mimran, l'inspecteur des finances et l'ancien de la Banque de France, en préparant le dossier, ignoraient l'existence d'un tel mécanisme attaché aux actions Cofifa détenues depuis plus de deux ans!

– Quand nous avons ramassé, raconte Leprêtre, tout le monde s'est bien gardé de nous en avertir. Nous sommes allés à Rouen auprès d'un ancien remisier qui, avec sa famille, contrôlait 13 % du capital. Nous avons parlé de Cofifa. Nous avons conclu la cession des titres. Il ne nous a rien dit...

Manipulation? Amateurisme? En cette fin novembre, c'est en tout cas tout le montage qui, en quelques secondes, s'écroule! Du moins pour Louis Leprêtre, professionnel en l'occurrence, d'une singulière légèreté. Si, avec moins de 20 % du capital de la Cofifa, Jean-Claude Mimran peut attendre, la situation devient subitement gravissime pour l'associé-gérant de l'IPGF. A ce moment-là, avec autour de 55 000 titres, c'est 20 % du capital de Cofifa qu'il porte : un engagement total d'environ 105 millions de francs, répartis entre les comptes propres et des comptes-clients d'IPGF et divers comptes de Baudouin. Notamment auprès de la SBM, la Société des bains de mer et cercle des étrangers à Monaco.

Louis Leprêtre peut-il s'abriter derrière un mandat en bonne et due forme donné par Mimran pour réaliser l'opération Cofifa? L'associé-gérant n'en fait alors pas état. Il a pourtant toujours expliqué travailler, sur ce dossier, pour le compte de Jean-Claude Mimran. En février 1988, un courrier de Maxhill viendra « limiter le pouvoir donné à l'IPGF de passer pour notre compte tous ordres de Bourse... » Mais ce mois de décembre, Mimran et Leprêtre préfèrent régler leur dossier en privé : l'affaire Cofifa n'est pas la seule que les deux hommes ont en commun.

La position Cofifa reste donc dans les livres de Baudouin. Elle est très lourde. Et dangereuse. Faute d'accord en effet pour revendre les 55 000 titres stockés, le risque est de voir le cours s'effondrer. Et d'avoir à supporter la perte.

Louis Leprêtre, à ce moment-là, va chercher à placer

le « bloc ». Mais le jeu est faussé : quel institutionnel pourrait vouloir prendre 20 % d'une banque à états d'âme, majoritairement contrôlée par la BNP, et dont les pouvoirs publics souhaitent, pour l'heure, et faute de « tuteur » aussi solide, qu'elle reste dans l'orbite de la première banque française?

Contacts, rendez-vous... Louis Leprêtre se lance tout de même. L'administrateur délégué de Baudouin, pour lequel le dossier Cofifa conditionne tous les autres, s'acharne. Car la situation, en ce début décembre, devient délicate.

Quelques jours auparavant, il a appris qu'une mission de contrôle de la CCIFP, la Chambre de compensation des instruments financiers de Paris, l'organisme de tutelle du MATIF, allait débuter chez Baudouin. Louis Leprêtre ne s'inquiète pas. Il sait que le « MATIF » de la charge est en ordre.

Le numéro 3 de la CCIFP, Patrick Simonnet, directeur des adhérents et du contrôle, ne s'attend pas lui non plus à trouver des problèmes « dans le MATIF de Baudouin ». La mission doit être « routinière ». Édouard Tarbouriech, le jeune homme qui dirige le service MATIF de la charge est l'un des opérateurs les plus en vue de la place. En décembre 1987, Baudouin est au cinquième rang parmi les 100 adhérents du MATIF. Avec 107 000 contrats « notionnel » (le « notionnel » est le produit essentiel du MATIF) traités dans le mois, la charge de la rue de Provence réalise près de 5 % de l'activité totale. Son classement est le même sur l'ensemble de l'année.

Il en va de même pour le tout nouveau Monep, le marché des « options sur actions ». Là, la charge de la rue de Provence, avec 3,5 % du marché, se place en neuvième position. Et, selon la SCMC, la Société de compensation des marchés conditionnels, qui est la tutelle du Monep, Baudouin occupe la première position de la place si on ne tient pas compte des transactions réalisées par les « teneurs de marché » [1].

Au total donc, la charge Baudouin, si elle reste dans la seconde partie du classement, est en train, grâce à ces nouveaux marchés, de gagner du terrain.

Patrick Simonnet s'amuse quelque peu de ces bouleversements. Cet homme de trente-cinq ans environ, grand, mince, inspecteur de la Banque de France, sait qu'il n'est pas aimé des agents de change. Le MATIF est pour eux la première entorse de taille à leur monopole.

Au lancement du nouveau marché, en février 1986, les charges ont été les seuls adhérents à intervenir. Pendant six mois. A la rentrée de septembre 1986, les banques, les compagnies d'assurances et certains établissements financiers les ont rejointes. Et ces mastodontes se taillent de plus en plus la part du lion. Certes, en cette fin 1987, c'est toujours la charge Buisson qui tient le haut du pavé : elle est, presque depuis le début, l'adhérent leader au niveau des transactions. En chemise rayée multicolore marquée, au dos, du « logo » de la charge, J.F.A. Buisson, en lettres italiques, les traders de la maison de la rue de Richelieu sont visiblement les plus forts. Effrontément dominateurs. Et ils suscitent bien des jalousies.

Peu à peu, tout le monde s'est piqué au jeu. Comme le veut la pratique anglo-saxonne, les différentes équipes des charges parisiennes ont tour à tour adopté, pour intervenir sur le « pit » (le parquet), leurs propres « cou-

1. Ces banques ou ces charges, qui, parce qu'elles jouent un rôle spécifique pour assurer la liquidité des transactions sur certaines valeurs, sont obligées de prendre des positions très importantes. Et donc de se « couvrir » sur le Monep, en achetant des « options », de vente ou d'achat.

leurs » : pantalon blanc, gris, bleu pâle ou foncé, chemise rouge, verte, bleue, jaune, unie ou à rayures. C'est ainsi un spectacle coloré, rapide, qui se déroule chaque jour sur le nouveau parquet du premier étage. Entre les éclats de voix, les gestes, les bousculades, les « runners », à vives enjambées, transmettent les ordres depuis les box-téléphones jusqu'aux traders, qui dans leur langage de gestes et de mots « exécutent ». Le MATIF est un endroit enivrant, concentré d'énergie et de millions, d'espoirs, d'angoisses, de gains et de pertes fabuleux, où l'arrivée de la moindre nouvelle, en provenance de quelque endroit de la planète, est immédiatement prise en compte. Tout, absolument tout, dans un marché de taux d'intérêt mondialisé, est susceptible de faire varier les cours, d'engendrer un décalage à arbitrer. Un pétrolier est-il touché dans le golfe Persique que le marché décroche de deux « ticks » (2 fois 0,05 point); le taux d'inflation est-il en légère reprise en RFA que le marché s'inquiète. La libération d'un otage du Moyen-Orient détend les opérateurs. La moindre dépêche d'agence, de quelque ordre qu'elle soit, donne lieu ici à interprétations, analyses, initiatives, réajustements des positions...

Avec quelques-uns des contrôleurs de la CCIFP, Patrick Simonnet vient presque tous les jours surveiller le marché, prendre le pouls du « pit ». Mais l'essentiel de son rôle n'est pas là : adhérent par adhérent, la CCIFP, au cours de missions, épluche les comptes. Les agents, guère habitués à être ainsi contrôlés, vouent une antipathie féroce aux gens de la CCIFP. « Les " gestapistes ", c'est ainsi que certains des honorables officiers ministériels appellent Patrick Simonnet et ses contrôleurs. Pour les agents de change la chose est claire : la CCIFP veut les évincer du MATIF, marché à haut risque, et y faire la place belle aux banques qui, elles, offrent une surface financière suffisante pour garantir la sécurité des opérations. La Chambre syndicale n'est pas loin d'être du même avis. Le MATIF échappe à sa tutelle. Et on n'y apprécie guère cette CCIFP, cette autorité concurrente, plus rigoureuse, plus scrupuleuse, bien dérangeante et qui est en train, au travers du MATIF, de connaître un succès aussi rapide que retentissant.

Car en un éclair de temps, quelques mois, le MATIF est devenu le troisième marché à terme du monde, devant son grand frère, le Liffe de Londres. Le marché a débuté dans une période bénie. L'année 1986, les premiers mois de 1987 ont connu une phase de décrue des taux d'intérêt. Dans cette conjoncture à « visibilité » exceptionnelle, à sens unique, le marché était facile à jouer. Et chacun s'en est donné à cœur joie. La spéculation, que l'on n'attendait pas à Paris, a explosé. Or l'effet de levier, sur le MATIF, est énorme. Un dépôt de 25 000 francs seulement permet de s'engager, d'acheter ou de vendre, à terme, un contrat d'une valeur de 500 000 francs. Vingt fois plus! C'est le principe de tout marché à terme qui consiste à déposer une somme relativement limitée, qui permet de spéculer sur des montants beaucoup plus élevés.

Les clients institutionnels s'engagent ainsi parfois pour plusieurs centaines, voire plusieurs milliers de contrats. Mieux, depuis le lancement du MATIF, les adhérents ont organisé un marché de « gré à gré », qui fonctionne « hors séance » (de 17 heures à 10 heures) et pour lequel il n'y a pas la garantie de la CCIFP!

Pour les agents de change, le MATIF est, au moment de négocier avec les institutionnels, un formidable instrument pour gonfler leur volume d'affaires et leurs résultats. Une véritable aubaine! L'exemple à suivre est donc celui de la charge Buisson. Première à avoir vraiment démarré, et première au classement du nouveau marché, cette structure moyenne fait la preuve que le MATIF peut être pour toutes les charges un formidable « jack-pot ». « Jack-pot »? Depuis quelques mois, les responsables du marché savent que les irrégularités sont nombreuses au service MATIF de la charge J.F.A. Buisson.

Jacques, le père, Francis et Alain, les deux fils, ont confié imprudemment la gestion des opérations à une société de remise dirigée par des hommes à la réputation incertaine et aux méthodes contestables. Jean-Marc Aletti et son ami Michel Vignon sont les vedettes du « pit ». Le premier, calme, toujours légèrement en retrait, est le véritable mentor de l'équipe; le second, gabarit puissant, est celui qui, dans la mêlée, négocie. Le tandem est efficace. Et respecté par les autres opérateurs du MATIF. Le manège quotidien s'achève souvent autour des deux hommes. Plus âgés que la plupart des traders, plus avisés aussi, car habitués des marchés à terme, formés à Chicago, sur le « pit » le plus dur du monde, Aletti et Vignon « dépannent » régulièrement les opérateurs « pris à contrepied » par l'évolution d'une séance.

Depuis début 1987, la CCIFP a demandé à J.F.A. Buisson de réviser certains points précis de son organisation MATIF. Sans succès. Et sans, non plus, que la Chambre syndicale des agents de change appuie ses demandes auprès des Buisson. Or, en cette fin d'année 1987, la rumeur perce. Plusieurs gros clients auraient été escroqués. L'un d'entre eux, un groupe français mondialement connu, est en train d'ajuster les termes d'une plainte judiciaire. Le premier vrai scandale du marché est pour bientôt. Inéluctable.

Patrick Simonnet ne se trompait pas. Le MATIF de Baudouin est en situation saine. Mais le contrôleur qui, dans son bureau de la rue de Richelieu, lui dresse un point de la situation de la charge de la rue de Provence a cependant relevé des éléments troublants. Une société de remise présente dans l'organisation de la charge y est devenue prépondérante. Or ses positions paraissent très risquées. Non pas sur le MATIF : l'IPGF, l'Institut privé de gestion financière, y a trois comptes, un chez Lavandeyra, un chez Magnin-Cordelle, un autre chez Wargny qui a été récemment transféré chez Baudouin. Mais la société a rarement plus de quelques dizaines de contrats en position. Par contre, il semble qu'elle soit en débit important sur le marché des obligations.

Au vu de ces éléments, la CCIFP décide de prolonger son enquête. Normalement, elle n'a compétence que pour examiner la situation de l'adhérent et de ses clients sur le MATIF. Mais en arguant que les autres marchés engagent la solvabilité financière de l'adhérent, la CCIFP peut embrasser l'ensemble des activités d'une charge. Ce qu'elle fait, rue de Provence. Les contrôleurs de la CCIFP reviennent donc. Et après quelques jours de travail, ce sont eux qui, à la mi-décembre, découvrent le « trou » chez Baudouin. Combien? Comme ils ne considèrent que les opérations obligataires de l'IPGF, le chiffre tourne autour de 80 millions de francs. Grave pour une charge dont les fonds propres n'atteignent pas 10 millions!

N'étaient la réputation et la sécurité du marché parisien, les dirigeants de la CCIFP, bien qu'ils s'en défendent, auraient presque plaisir à transmettre l'information à la place de la Bourse. Le MATIF, en effet, n'est pas en cause. Le défaut de surveillance est le seul fait de la Chambre syndicale. Or en cette fin 1987, entre la Chambre syndicale d'une part, la COB et la CCIFP d'autre part, la guerre est ouverte. Une guerre des polices boursières. La modernisation du marché s'accompagne d'une redistribution des pouvoirs de chaque institution. Et chacune cherche à tirer son épingle du jeu. D'autant qu'avec l'entrée des banques dans le capital des nouvelles sociétés de Bourse, la Banque de France va bientôt être de la partie. Or « la Banque » fait peur à tout le monde. Elle a, contrairement à la COB, de vrais moyens et contrairement à la Chambre syndicale des agents de change, une véritable autorité.

Défaut de surveillance? A la fois organisme de tutelle et organisation syndicale, la Chambre a toujours privilégié son second rôle. Soucieuse de ne connaître les « affaires » que pour mieux les étouffer, la place de la Bourse ne s'est jamais préoccupée de sanctionner les agents! Mais avec la modernisation du marché, les choses changent. Le crédit de la place parisienne est en jeu. La COB s'enhardit, les pouvoirs publics se réveillent. La Chambre elle-même doit s'adapter. A la mi-1987, un inspecteur de la Banque de France est venu prendre la direction du service du contrôle. Sa première décision a été d'envoyer en formation 10 des 14 membres du service. Les dents ont grincé dans la Compagnie! Mais chacun sent bien que l'heure est venue d'un respect plus strict des règles.

Quatre-vingts millions de francs au moins de trou chez Baudoin!

A quelques jours de Noël, réunis dans la bibliothèque de la place de la Bourse, les dirigeants de la Chambre syndicale font la moue. Le rapport transmis par leurs homologues de la CCIFP tombe au plus mal. La place n'a nul besoin d'une nouvelle affaire!

Car le premier scandale vient d'éclater. Le 18 décembre, François de Wissocq, le P-DG de la

Cogéma, la Compagnie générale des matières nucléaires, révèle que son groupe a perdu dans les mois écoulés la somme de 259 millions de francs sur le MATIF. Évaporés, sans que les dirigeants de la société ne parviennent à comprendre. Voilà plusieurs semaines qu'avec la CCIFP, mais aussi la COB, ils travaillent pour s'efforcer de retracer le déroulement des opérations. Sans succès. A l'heure de boucler les comptes, il a fallu en passer par une clarification. Édouard Balladur, le ministre, a donné son feu vert à l'aveu public de la Cogéma. Mais l'aveu ressemble fort à une accusation. Officiellement, les dirigeants n'ont aucun soupçon. Mais personne ne s'y trompe...

Les regards, immédiatement, se tournent vers la charge intermédiaire de la Cogéma, Buisson. Celle-ci a beau expliquer, dans un communiqué, n'avoir jamais reçu de mandat de gestion de la Cogéma, elle n'en est pas moins sur la sellette. Le silence de la place en quelques semaines se lézarde. Les honorables agents, pour « faire du chiffre », n'ont-ils pas abandonné une partie de leurs prérogatives à Arbitrage SA? De Buisson, l'attention se porte sur la société de remise. Et avec Arbitrage, c'est soudainement un univers inattendu qui est peu à peu dévoilé, fait d'argent facile, de fêtes luxueuses, de rapports douteux... avec comme personnages clés des hommes qui, dans le passé, ont laissé plusieurs souvenirs corsés et aussi quelques factures...

Dans les boîtes les plus huppées de Paris et de Saint-Tropez, Jean-Marc Aletti, le patron d'Arbitrage, recevait souvent. Nombreux sont les dirigeants d'entreprises à avoir cédé aux charmes divers des lieux qu'Aletti, grand ordonnateur de réjouissances nocturnes, savait très bien peupler. Ne raconte-t-on pas qu'à l'heure où ces fêtes battaient leur plein, une sorte de « paparazzi » arrosait de ses flashes les convives les plus imprudents? Aletti dont il est de plus en plus question depuis quelques mois au Palais Brongniart. Depuis qu'il est rentré de Chicago pour venir participer au lancement du MATIF. Certes, ceux qui le connaissaient s'étonnaient de le voir ainsi à Paris, en première ligne. N'avait-il pas à deux reprises été discrètement remercié de chez Paribas dans des conditions que la Compagnie financière de la rue d'Antin ne souhaite pas développer? La règle du silence a joué. Plutôt que de se protéger, le milieu financier se tait. Car signaler une « brebis galeuse » revient à reconnaître une faille dans ses propres murs. Les Buisson ont certes été « prévenus ». Mais à la CCIFP qui le leur demandait, aucun des anciens employeurs d'Aletti n'a accepté de lui donner les moyens, les preuves, permettant de radier le patron d'Arbitrage.

Deux mois, jour pour jour, après le krach, Paris a donc son premier vrai scandale financier. La place et le public sont sous le choc. Encore seuls quelques rares éléments de l'affaire Cogéma sont-ils révélés. Mais les dirigeants de la Chambre syndicale savent bien tout ce qui va « sortir ».

Un mois de décembre décidément pourri! Après Buisson, voilà maintenant les problèmes de Baudouin! Découverts, en plus, par la CCIFP... celle-là même qui, sur le cas Buisson, réclame depuis plusieurs mois à la Chambre d'intervenir. Heureusement, s'il y a affaire, il n'y a pas scandale. Pas encore. Les difficultés de la charge Baudouin ne sont, pour l'heure, connues que de quelques-uns : à la CCIFP et à la Chambre. L'essentiel est donc sauf. Mais les choses ont trop tardé. Le dernier fondé de pouvoir de la charge de la rue de Provence, Pierre Guyard, ne vient-il pas, à son tour, de démissionner tout récemment? Xavier Dupont et les membres de la Chambre sont fermement résolus à agir. Si possible en douceur. En cette fin décembre, la Chambre décide de se déplacer. Chez Baudouin, et à l'IPGF. Dans les jours suivants, la COB fait de même. Grand branle-bas de combat.

Pourri, ce mois de décembre? Il l'est bien plus encore que tout le monde ne l'imagine alors. Car tandis que les regards sont tournés vers Buisson et que la Chambre se préoccupe du « cas Baudouin », c'est là, au sein même de l'enceinte, place de la Bourse, que les nouveaux marchés et le krach ont frappé... La Compagnie des agents de change, elle-même, est atteinte, touchée à la tête.

23 décembre, veille de Noël, fin d'après-midi. Dans la modeste salle des marchés de la Chambre, à l'avant-dernier étage du 4, place de la Bourse, le chef de la trésorerie s'inquiète. Il se préoccupe de savoir où en est la position de la Chambre syndicale sur les marchés. Il n'est là que depuis quelques mois. Tout comme le gestionnaire qui, lui, vient juste, trois jours avant, de partir en vacances.

La Chambre syndicale intervient depuis longtemps sur les marchés, pour gérer son portefeuille obligataire : le fameux fonds de garantie de la profession. Celui-ci n'existe pas en tant que tel dans sa comptabilité. Bien sûr, chaque année les charges affectent une partie de leur chiffre d'affaires à l'alimentation de la garantie commune. Mais le fonds n'est en fait que la différence entre le passif et l'actif du bilan. Seul le syndic en connaît le montant. Lequel n'a jamais été officiellement révélé. On a longtemps parlé de plusieurs milliards mais, alors qu'approche la transformation de la Compagnie des agents de change en Société des Bourses, le chiffre est mieux cerné : sans doute près de 2 milliards de francs. Finalement peu pour assurer la garantie et la bonne fin des transactions d'une place qui, sur ses différents marchés, traite plusieurs milliards par jour. Mais enfin, on ne refait pas l'histoire et celle de la place parisienne est largement celle des agents de change...!

Qu'importe d'ailleurs en cette veille de Noël! La fébrilité est inhabituelle à la Chambre. Inquiétude soudaine? Volonté tardive de contrôler les opérations du gérant? Toujours est-il que l'état-major est soudain saisi d'une volonté pressante d'y voir clair. Les dirigeants de la CCIFP, en parlant de Baudouin, auraient-ils également signalé des problèmes dans la position de la Chambre sur le MATIF? Peut-être! Mais puisque, traditionnellement, les opérations de l'institution passent par la charge du syndic (en contrepartie du temps passé par lui à s'occuper des affaires communes), celui-ci devrait être au courant, tout au moins par les équipes de sa société! Et tout devrait être clair...

Et pourtant, le constat est là. A part le gestionnaire, celui qui, téléphone en main face à son écran, intervient quotidiennement pour acheter ou vendre des contrats MATIF, des options ou des lignes d'obligations, personne place de la Bourse ne sait. Il n'y a, dans l'organisme chargé de surveiller les charges, ni surveillance, ni procédure de contrôle. Incompréhensible légèreté! Et finalement, c'est – presque comme au cinéma –, en ouvrant un tiroir d'un bureau, celui du gestionnaire, que le chef de la trésorerie trouve sur une banale « feuille de marchés » les engagements de la Compagnie. Ceux, en fait, de la profession. Ceux destinés à garantir les clients de toutes les bourses françaises!

L'homme n'en croit pas ses yeux! La Chambre a sur le MATIF 14 000 contrats en position. Ce qui représente 7 milliards de francs. Un montant extravagant alors que le portefeuille à gérer est d'environ 2 milliards. Surtout, la position n'est pas seulement spéculative : elle est illégale, le règlement de la Compagnie stipulant que « le fonds commun doit être géré en bon père de famille ».

De plus ces 14 000 contrats sont en « position vendeur ». Comme beaucoup d'autres sur la place, le gestionnaire a fait le pari d'un second krach. Et donc d'une nouvelle hausse des taux d'intérêt qui ferait plonger le prix du « notionnel », le contrat de base du MATIF. Son calcul est simple. En achetant après la baisse les contrats qu'il s'est engagé à vendre (puisque les opérations sur le MATIF se dénouent tous les trois mois), il empochera une confortable plus-value : la différence entre son prix de vente et son prix d'achat. Pari classique sur les marchés à terme. Mais voilà! Pour l'heure, l'évolution n'est pas celle attendue, et parce que les cours du MATIF remontent, la position est perdante de quelque 170 millions de francs. Panique place de la Bourse...

Joint en catastrophe au téléphone dans le chalet de montagne où il se repose, Jean-François Roisné, le gestionnaire, confirme. Calmement. Naturellement. Quand on lui a présenté les portefeuilles à gérer, il n'y a pas eu de directives particulières. Et pour l'homme de marché qu'il est, tout cela n'est guère inquiétant. On ne lui a jamais rien demandé. Il a gagné de l'argent voici quelques semaines, et n'en a alors averti personne. Pourquoi changerait-il son comportement? Le jour du krach, la position de la Chambre était positive de 160 millions de francs. Elle ne l'était plus que de 98 millions le lendemain. Dans les semaines suivantes, la situation s'est creusée jusqu'à un débit de 200 millions. Il a peu à peu augmenté la position. Autour du 15 décembre, celle-ci est revenue à un niveau plus favorable : – 30 millions environ. Avant de rechuter.

Ces formidables montagnes russes feraient craquer

tout individu classique. Elles n'écœurent pas l'homme de marché. Seuls ou presque face aux courbes de leurs écrans, face à leurs projections, les « traders » modernes sont une race particulière de boursiers. Sans doute, dans la foulée du krach, certains d'entre eux, à Paris comme ailleurs, ont-ils perdu les nerfs. On en verra certains s'écrouler, en larmes sur leur pupitre, et d'autres, à force de ne plus dormir la nuit, perdre peu à peu leur clairvoyance et leur sang-froid... Mais dans la grande majorité, ces esprits particuliers sont comme détachés. Espèces d'artistes ou d'esthètes de la finance qui, à coups d'options, de couvertures, d'interventions multiples et parfois très légères sur les différents marchés, sculptent et resculptent à longueur de journée leurs positions et celles de leurs clients, ils n'ont plus vraiment conscience de la réalité de leur matière première. Quand, en quelques minutes, parce qu'une nouvelle survient, le cours du MATIF décroche et que la position se retrouve créditée ou au contraire débitée de quelques dizaines, voire de quelques centaines de millions de francs, le marché est un peu considéré comme une mer, avec ses marées, qui flue et reflue, et ses vagues, sur lesquelles l'opérateur surfe. Avec l'espoir toujours de mieux « prendre » la suivante...

Il n'en est évidemment pas de même pour les dirigeants de la Chambre! Les 170 millions de francs perdants sur la position « maison » sont catastrophiques. Que faire? Solder, c'est-à-dire vendre en « consommant » la perte? Ou tenter de rétablir la situation? Lors d'un véritable conseil de crise auquel, autour de Xavier Dupont, n'assistent que Philippe Cosserat, le représentant du Trésor à la Chambre, Philippe Jaffré, le numéro 2 du Trésor, et les membres de la Chambre syndicale les plus proches du syndic, la décision est prise de continuer la spéculation pour tenter de « refaire » la perte. Incroyable initiative en forme de délit. Jean-François Roisné, lui, est prié de, discrètement, démissionner. Un an plus tard, on apprendra que, simultanément aux opérations de la Chambre, sur son compte personnel, il a gagné autour de 1,3 million de francs. Mais les positions qu'il a prises sont conservées telles quelles. En espérant un retournement du marché, la Compagnie tente un délirant pari. Dans le plus grand secret. Car ce trou-là, ce trou creusé au cœur même de la place de la Bourse, dans le fonds de garantie, est des plus graves. Mais aussi des plus ridicules et des plus humiliants. Aussi rien ne doit-il transpirer.

Tourner la page. Oublier. L'année 1987, au 4, place de la Bourse, se termine dans une ambiance morose, délétère, mais au moins ce mois de décembre, l'un des plus durs dans l'histoire de la Compagnie, s'achève-t-il. Enfin. Le week-end rallongé de la Saint-Sylvestre – le 1er janvier tombe cette année un vendredi –, va permettre à chacun de reprendre ses esprits. 1987 est mort, vive 1988. Et bonne année!

Tôt ce lundi 5 janvier, les trois hommes sont installés dans un couloir de la Chambre syndicale. Ils travaillent à la charge Baudouin et réclament d'être reçus au plus vite. Peu importe par qui. Mais ils veulent être reçus. Pourquoi? A cause de ça, là! L'un d'eux tient à la main un exemplaire du dernier *VSD* de l'année. Et le tend. A la « une », l'un des sujets les plus vendeurs de l'hebdomadaire grand public : « La nouvelle mafia française ». Des bonnes feuilles tirées du livre d'un ancien commissaire de police, Georges Moréas, créateur de la brigade anti-gang de Nice en 1978, puis chef de l'office central pour la répression du banditisme. Et en page 112 de l'hebdomadaire, une photo et un portrait, ceux de Jacky Imbert.

– Or ce type-là est à la charge, explique en se levant soudainement, le doigt pointé sur la photo, l'un des visiteurs. C'est lui qui est rue Sainte-Anne, pour surveiller le service obligataire. Y a pas de mystère. C'est exactement lui...

Évident! Le « frère » de Jacqueline Baudouin n'était pas vraiment son frère. Ne l'a-t-elle d'ailleurs pas aussi présenté à certains comme un « ami », un juriste, bon connaisseur, même, des questions de sociétés...?

Rue de Provence, les photocopies de l'article vont bon train. A ceux, qui, impossibles à joindre durant le week-end du Jour de l'An, n'ont pas été mis au courant et n'ont pas acheté l'hebdomadaire, les autres montrent les pages. On discute, on commente, on s'effraie...

Jacky Imbert, en fait, ne vient plus rue Sainte-Anne depuis quelques semaines déjà. Mais ceux qui le reconnaissent dans *VSD* ne se trompent pas. C'est bien à lui que Jacqueline Baudouin a fait appel. La femme de l'agent de change ne s'en cache pas. Le pourrait-elle d'ailleurs? Mais Jacqueline Baudouin considère qu'elle n'a de comptes à rendre à personne. D'ailleurs « Le Mat » n'était pas salarié de la charge. Et il n'y a jamais eu de compte. Que venait-il y faire? Surveiller le service obligataire... La réponse, à beaucoup, ne paraît guère convaincante. Un homme comme Imbert, qui joue toujours un rôle clé dans le « milieu » français, peut-il vraiment venir durant quelques semaines dans une charge d'agent de change simplement pour donner un coup de main à une amie? Tout s'éclaire! L'avocat de la charge, confortablement installé dans le XVIe à Paris, n'est-il pas le gendre d'un des anciens parrains du milieu marseillais?

Pour les dirigeants de la Chambre syndicale le dossier prend brutalement une nouvelle tournure. Inévitablement, la nouvelle ne va pas tarder à circuler, tout autour du Palais Brongniart. Et alors que l'affaire Buisson-Arbitrage défraie la chronique, la profession n'a vraiment pas besoin qu'on ajoute à tout ce qui circule la présence d'un « parrain du milieu » dans une charge d'agent de change.

Début janvier tombent les chiffres du rapport demandé au service de contrôle de la Chambre. Le « trou », le montant des engagements non couverts par la charge, équivaut à peu près au montant des « avances » en trésorerie que la charge a auprès de la Chambre. Depuis quelques mois, ce débit n'a cessé d'augmenter, pour atteindre en ce début d'année plus de 140 millions de francs. Sans doute d'autres charges sont-elles dans des situations comparables. Mais au moins sont-elles en passe d'être rachetées si un accord n'a pas déjà été conclu. Tandis que Baudouin... La Chambre pense-t-elle alors lui trouver un successeur? Les conditions, clairement, ne se prêtent plus à un rachat en catastrophe...

Xavier Dupont a déjà reçu à plusieurs reprises Jacqueline Baudouin. La première fois, peu de temps après que la femme de l'agent de change fut arrivée à la charge. Elle était venue expliquer les raisons qui, à ses yeux, justifiaient qu'elle prenne des fonctions dans la société. Elle reviendra, quelques mois plus tard, en juin 1987, au moment du départ des deux fondés de pouvoir. Expliquer cette fois-là pourquoi il ne pouvait en être autrement. Plus tard encore, elle viendra avec l'un des responsables de la charge le proposer comme directeur général de la société. Essuyant un refus. Sans surprise, jamais le contact ne s'établira entre le syndic et la femme de l'agent de change. Aussi, en ce mois de janvier, est-ce Louis Leprêtre que Xavier Dupont convoque.

Les deux hommes, en ce début d'année, vont se voir. Mais discrètement. Car, officiellement, aux yeux de la Chambre, Leprêtre n'est qu'un simple remisier. Ou plutôt associé gérant d'une société de remise. S'il joue un rôle chez Baudouin, c'est, pour la Chambre, en dehors de toute réglementation.

Mais paradoxalement, Louis Leprêtre apparaît seul capable de rétablir quelque peu la situation. Il est seul sans doute à voir clair dans les nombreuses opérations qu'il a initiées. Aussi peut-il encore limiter la casse. Que se disent Xavier Dupont et Louis Leprêtre lors de leur rencontre au Palais Brongniart, à l'heure de la séance? A en croire le second, la Chambre ne s'inquiète alors que des positions de la société de remise sur le marché obligataire. Le reste, les opérations Cofifa, Olida-Caby, seraient considérées comme de moindre gravité...

Surprenant! Car à partir de mi-janvier, les événements s'accélèrent. Le calendrier des initiatives de la place de la Bourse adopte le rythme d'une marche forcée, comme si une volonté impérieuse d'en finir avec le « cas Baudouin » dictait les décisions.

Le 19 janvier, à la demande de la Chambre, les titres de l'IPGF sur le marché à règlement mensuel sont vendus par la charge. Celle-ci pare au plus pressé. Il faut, pour intervenir sur le RM, le règlement mensuel, où on ne paie qu'à échéance du mois, et, où on peut même faire « reporter » ses positions sans les régler, avoir en garantie chez l'agent de change au moins le cinquième des engagements. Or l'IPGF n'a pas cette « couverture ». La Chambre fait donc vendre son portefeuille, une assez jolie collection de « blue chips » : 35 000 Michelin, 9 800 Peugeot, 8 500 Thomson-CSF,

12 775 Saint-Louis-Bouchon, 4 600 Elf-Aquitaine, mais aussi des Air-liquide, des Havas, Alsthom, Accor, CCF, Pernod, Navigation Mixte, LVMH... Au total une valeur proche de 100 millions de francs.

Quelques jours plus tard, ce sont les positions des clients débiteurs de la société de remise qui sont vendus. Louis Leprêtre ne paraît pas vraiment avoir rassuré Xavier Dupont!

Surtout, ce qui va être la « procédure disciplinaire » à l'encontre de Louis Baudouin débute dans ces journées-là. A un moment où la place parisienne traverse des journées bien particulières.

Le 15, la charge Buisson suspend d'elle-même ses activités sur le MATIF. Elle avait d'abord plaidé n'avoir aucun rapport avec Arbitrage. Il s'avère qu'elle a d'abord salarié Aletti avant de lui confier la sous-traitance des opérations obligataires et MATIF. Depuis un an, les agents Buisson ont refusé, comme le leur demandait la CCIFP, de modifier leur schéma de fonctionnement. Mieux : alors même que tout adhérent du MATIF doit normalement assurer le libre accès de son informatique à la CCIFP, celle-ci ne pourra, tout 1987 durant, entrer dans le système comptable d'Arbitrage. A plusieurs reprises, la Chambre a couvert le refus de la charge Buisson. Il faudra attendre décembre 1987 pour que la COB parvienne, presque par hasard, à rentrer dans le système informatique de Buisson-Arbitrage, pour démêler les opérations. Car l'ordinateur de la société de remise était l'un des plus puissants jamais installé en France.

Le 28 janvier, la Cogéma porte plainte. Sans surprise. Depuis quelques jours déjà, d'autres noms de sociétés escroquées circulent. Bouygues et Kis sont de celles-là. Mais il est question de beaucoup d'autres, notamment d'entreprises industrielles sous tutelle publique. Car dans les fêtes qu'il organisait à Saint-Tropez, Jean-Marc Aletti conviait de nombreuses relations. L'homme, séduisant, charmeur, brillant, s'était fait de nombreuses amitiés. Y compris dans les milieux politiques, et jusque parmi des proches du président de la République et du ministre des Finances Beregovoy. Né le 9 juin 1944 à Alger, appartenant à la famille propriétaire du célèbre hôtel Aletti de la ville blanche, et de son casino, Jean-Marc est le fils de Hélyette Degrave, divorcée en janvier 1950 de Robert Aletti et remariée, la même année, à Max Gautier (dit Gautier de Rieux). Veuve, Hélyette Gautier de Rieux (68 ans) est ancienne chanteuse d'opéra. Mondaine, elle est une amie de longue date de Paulette Decraene, secrétaire particulière de François Mitterrand à l'Élysée. Sa fille, Marie-Pierre Gautier, demi-sœur de Jean-Marc, est attachée de presse de l'établissement public du parc de la Villette, après avoir été attachée de presse du candidat Mitterrand, en 1981, puis chargée de mission à la présidence (socialiste) de l'Assemblée nationale. C'est au cours d'une réception organisée par sa mère, qui est aussi son associée, que Jean-Marc Aletti a été présenté et recommandé au président de la Cogéma. Fin 1987, Aletti était en train de préparer, dans le cadre de la réforme, avec Jean-Charles Naouri, ancien directeur de cabinet de Pierre Beregovoy aux Affaires sociales, puis aux Finances, un important projet de rapprochement entre sa société, Arbitrage, la charge Buisson, une filiale bancaire du groupe Péchiney et la banque Rothschild et associés que Naouri venait d'intégrer comme associé-gérant. Le dossier passera même les premières phases préalables à l'agrément du Comité des établissements de crédit et ne sera bloqué, in extremis, que 48 heures avant que n'éclate le scandale ; Aletti prenant la fuite à la frontière franco-suisse... en skis.

Aux côtés de la Cogéma et de Buisson-Arbitrage, d'autres dossiers « sortent ». La presse cite l'Aérospatiale. Le groupe aéronautique français aurait, lui aussi, été victime d'escroquerie. Via un autre remisier, un ami d'Aletti qui travaillait chez Arbitrage avant de créer sa propre société. Gênant car l'ancien directeur financier de l'Aérospatiale, démissionnaire à la fin de l'été 1987, n'est autre que le cousin, assez peu éloigné, d'un des plus hauts dignitaires de la place de la Bourse : Monsieur le syndic. Mais c'en est trop! Alors que les relations entre certains dirigeants d'entreprises publiques et Aletti s'étalent dans la presse, le cabinet d'Édouard Balladur met son veto. Avec d'autres dossiers, celui de l'Aérospatiale est classé « secret défense ». Comme sans doute l'aurait été celui de la Cogéma si le ministre avait pu deviner que derrière cette première affaire, d'autres défileraient... Mais pour l'adepte de l'actionnariat populaire, alors que le krach a déjà mis à mal les comptes des petits porteurs de privatisées, il ne saurait être question, à quelques semaines des présidentielles, de laisser se dégrader plus avant l'ambiance de la place. D'autant que les étrangers sourient... L'affaire Arbitrage n'en continue pas moins. Perquisitions, saisie de documents et... fuite. Un après-midi de fin janvier, comme à son habitude, Jean-Marc Aletti quitte la rue de Richelieu, monte dans sa voiture conduite par son chauffeur-garde du corps. Il ne reviendra pas le lendemain. Ni les jours suivants. Les enquêteurs ne le trouvent pas dans son gigantesque appartement à l'orée du bois de Boulogne, ni dans celui du 36, rue Raphaël dans le XVIe arrondissement. Un mandat d'arrêt international est lancé. Et la chasse à l'homme commence. Aletti est annoncé tantôt en Suisse, tantôt en Floride, tantôt en Australie. On ne le reverra plus en France. Du moins officiellement.

Car certains assurent que le roi déchu du MATIF est, depuis plusieurs mois, installé à Paris, avec un tel stock de « dossiers » sur plusieurs personnalités du monde des affaires et du monde politique qu'il serait intouchable... Plus sérieusement, on l'a repéré à Londres où vit sa première épouse, ainsi que son fils envoyé en Angleterre peu avant la découverte de l'affaire. Mais on l'a aussi revu à Paris où il semble jouir d'une relative liberté de mouvements.

Secouée par ce gigantesque déballage, la place de la Bourse s'efforce donc de traiter le cas Baudouin. Après les ventes des titres de l'IPGF, le dossier de l'agent est officiellement « instruit ». Entre l'ouverture de l'instruction et la destitution, tout va aller très vite. Quelques semaines, à peine plus d'un mois. Exceptionnelle vélocité. La Chambre paraît mettre soudainement autant d'énergie à accélérer qu'elle en a mis à freiner sur l'affaire Buisson. Parallèle surprenant? Il est éloquent. Dans l'affaire Buisson-Arbitrage, des faits étayés sont régulièrement reprochés par la CCIFP et un client, au moins, a été escroqué. Chez Baudouin l'escroquerie met à mal les comptes de la Chambre syndicale. Et celle-ci va essentiellement reprocher à Louis Baudouin des « carences graves dans la gestion et la surveillance de sa charge ». Un motif que la Chambre pourrait aisément retourner contre elle. N'avait-elle pas, depuis deux ans déjà, ouvert une mission de surveillance chez Baudouin? Sans en tirer de conclusions. Les opérations de l'IPGF sur le marché primaire n'étaient-elles pas, depuis deux ans, réalisées tant chez Baudouin que chez cinq ou six autres agents de la place? Personne n'y trouvait à redire. Surtout, la surveillance des sociétés de remise n'incombe-t-elle pas au premier chef à la Chambre syndicale? Or ni Arbitrage ni l'IPGF n'ont jamais été contrôlés... Les opérations de certains traders de chez Baudouin avec pour contrepartie régulière « l'une des grandes banques de la place » n'étaient-elles pas, pour les professionnels, un secret de polichinelle? Régis Rousselle lui-même les avait relevées. Mais avait-il un véritable pouvoir de décision [1]?

Autant de questions que la Chambre ne se pose alors pas. « Carences graves et défaut de surveillance dans la gestion de la charge. » A la suite d'une première audition le 3 février, Louis Baudouin est entendu, une seconde fois, le 15, à la bibliothèque de la Chambre. Trois jours avant, son ami fidèle, Yves Flornoy, est décédé. « Loulou » est entouré du directeur général de la charge, du comptable et de ses avocats. Face à Xavier Dupont, Philippe Cosserat, le secrétaire général, et le directeur des affaires juridiques de la Chambre, la séance dure plus de deux heures. Baudouin répond aux différents griefs qui lui sont faits. Essentiellement deux choses. D'abord, avoir prêté le concours de sa charge à des opérations initiées par la société de remise IPGF, soit interdites par son statut, soit faisant, par l'ampleur des découverts, courir un risque à la charge. Ce sont les dossiers Olida-Caby, Cofifa et les interventions sur le marché primaire. Ensuite, avoir reçu un prêt de 10 millions de francs d'IPGF, prélevé sur l'un des comptes de la société de remise à la charge, le compte espèces, créditeur au jour du prêt de 11,7 millions de francs, alors qu'au même moment, les comptes titres de la société de remise étaient débiteurs de 35 millions. C'est donc par augmentation du débit de la charge Baudouin auprès de la Chambre que l'agent a racheté les parts de sa société.

1. Le rapporteur était sans doute de ceux qui, au sein de la Chambre, souhaitaient le plus agir. Mais il n'a pas été entendu par ceux qui préféraient voir la charge Baudouin « aller vers son destin ».

Au total, la facture, pour la profession, risque d'être lourde. 150 millions de francs au moins. C'est le montant que font apparaître les comptes à ce moment-là. La Chambre peut légitimement s'inquiéter.

Bizarrement, Louis Baudouin se voit interdire de porter plainte contre l'IPGF. Il doit, pour cela, recevoir l'autorisation de la Chambre. Mais celle-ci, qui a déjà refusé fin janvier, s'y oppose de nouveau en février. Pas de vagues...

L'affaire, pourtant, ne peut qu'éclater. Dans son bulletin mensuel de février, la COB épingle deux traders-actions de Baudouin et annonce qu'elle a demandé à la Chambre syndicale de prendre des sanctions disciplinaires. Suite à des malversations et des « gains personnels » sur le titre Trois Quartiers. Fin février-début mars, les rumeurs percent. « L'une des charges de Paris abritait encore tout récemment l'un des grands de la pègre française! Le trou est de plusieurs dizaines de millions de francs! » Aux journalistes qui enquêtent, d'anciens salariés de la maison Baudouin dressent à plaisir un tableau balzacien : déchéance de l'honorable notable, mal marié, manipulé, sur fonds de blanchissage d'argent. La Chambre, assurent certains, savait depuis longtemps. Elle aurait laissé faire à la demande de la Brigade de répression du grand banditisme qui était en train de ferrer le « très gros poisson ». A peine l'affaire Arbitrage se calme-t-elle qu'un second feuilleton démarre. Le marché financier devient décidément passionnant...

Le 14 mars, l'abcès est crevé. A 16 heures, alors que Louis Baudouin est suspendu depuis quelques minutes, le communiqué tombe : « La Chambre syndicale a constaté de graves carences dans la gestion et la surveillance de la société de bourse Louis Baudouin SA. Faisant application des pouvoirs que lui confère la loi du 22 janvier 1988, la Chambre syndicale a décidé, à titre conservatoire, de suspendre les activités de la société... » Le même jour, l'administrateur provisoire est nommé.

C'en est fini. Le texte a beau préciser, plus loin, que « cette mesure doit permettre de préserver le devenir de la société de Bourse », celle-ci est *de facto* condamnée. Dès l'après-midi du 14 mars, l'activité chute quasiment au niveau zéro. Il ne reste plus qu'à trouver un repreneur.

Seul sursaut notable, celui de la BNP. Dans son édition du 18 mars, l'hebdomadaire *L'Express* écrit :

« Parmi les motifs qui ont conduit la Compagnie des agents de change à suspendre la société de bourse Louis Baudouin : des manipulations, en 1985, sur les Sicav d'une " grande banque ". Il s'agissait, en fait, de la BNP. Et l'escroquerie – qui s'est poursuivie bien au-delà de 1985 – a eu lieu avec la complicité d'un responsable haut placé de la banque nationalisée. Lequel a été brutalement " démissionné " à la fin de 1987... »

La réaction de la banque du boulevard des Italiens sera plus que vive. Le matin même de la publication de « l'indiscrétion », l'un de ses dignitaires fait, au téléphone, le tour des salles de rédaction. Pour expliquer que les informations de *L'Express* ne sont que pure fantaisie et qu'un démenti sera bientôt publié conjointement avec la SBF. La semaine suivante, en effet, *L'Express* écrit, « qu'à aucun moment les enquêtes effectuées sur cette affaire, autant par la COB que par la Chambre syndicale, n'ont révélé quelque agissement répréhensible que ce soit de la part de la BNP ».

Et la banque insiste. La semaine suivante, malgré cette première mise au point, la BNP obtient la publication d'un second texte : « A propos de l'affaire de la charge Baudouin, *L'Express,* dans ses deux derniers numéros, a injustement et à tort mis en cause " un responsable haut placé " de la BNP qui aurait été " brutalement démissionné " à la fin 1987. Ces indications sont inexactes, tant sur la mise en cause que sur la démission. Nous regrettons que les rumeurs qui en ont découlé sur la place financière aient pu porter atteinte à la réputation d'un professionnel estimé. »

Quelques dents grincent alors à la Chambre syndicale. Notamment au service du contrôle. Car certains se souviennent! Fin 1985, la COB ouvre une enquête sur les opérations de deux traders de chez Baudouin. Le rapport, du 7 mai 1986, signé du président de la COB et adressé à Xavier Dupont est intéressant. La COB n'a, rappelons-le, alors le droit que d'enquêter valeur par valeur. En l'occurrence le groupe papetier Aussedat-Rey. Les gains réalisés par les deux traders le sont avec, « en face », la BNP. C'est en tout cas ainsi que la COB présente l'opération.

Le 3 juillet 1986, le service de contrôle de la Chambre note à son tour au sujet d'autres transactions : « La contrepartie de ces opérations est très souvent la BNP et parfois la banque Worms. Les comptes rendus du 5 et 30 juin, écrit le contrôleur, contiennent des séries d'exemples; celui du 30 juin contient également des exemples d'applications du compte " Agent X " avec la BNP... »

Le 9 juillet 1986, la Chambre syndicale elle-même remarque : « [...] Ces investigations ont conduit à relever de nombreuses opérations anormales, principalement des négociations en " dès le " effectuées sur le cours coté lors d'une bourse précédente; elles ont fait également remarquer la fréquence de l'intervention de la BNP et à un moindre degré de la banque Worms. » Et plus loin : « A-t-on également signalé à M. Louis Baudouin la fréquence des opérations avec la BNP et à un moindre degré, avec la banque Worms? M. Louis Baudouin a-t-il cherché à en connaître la raison? Les intéressés peuvent-ils, à sa connaissance, avoir un complice dans ces banques?»

Au palais, des grands opérateurs connaissent les liens des deux traders de chez Baudoin avec un membre éminent du service bourse de la banque.

Le 10 décembre 1986, le service de contrôle de la Chambre ne recense pas moins de 11 opérations avec comme contrepartie exclusive la BNP. Et d'autres opérations où la banque intervient... Le 6 janvier 1987, ce sont 7 nouvelles opérations retraçant le même mécanisme, avec la même contrepartie, que décrit le service de contrôle. Cette curieuse collection ne sera pas poursuivie, puisque, on le sait, à partir de janvier 1987, la Chambre interrompt ses contrôles chez Baudouin.

Qu'importent donc, un an plus tard, en ce mois de mars 1988, les humeurs du service de contrôle de la Chambre! Le dossier Baudouin suit son cours. Toujours aussi accéléré. Le 31 mars, la société est mise en cessation de paiement. Puis, quatre jours plus tard, en règlement judiciaire.

Mais c'est surtout du côté de la place de la Bourse que les événements se précipitent. Il a fallu six semaines pour suspendre Louis Baudouin. Il en faudra à peine huit pour le destituer définitivement. Le 6 avril, Régis Rousselle, qui, depuis plusieurs années, connaît bien le dossier Baudouin, est chargé par le Conseil des bourses d'instruire la procédure disciplinaire. Cinq jours plus tard, l'adjoint du Syndic notifie à Louis Baudouin les griefs qui lui sont reprochés. L'agent suspendu est convoqué pour le 18 avril. La date est repoussée au 20. Ce jour-là, pour raisons de santé, Louis Baudouin se fait représenter par ses avocats.

Le lendemain, 21 avril, Xavier Dupont convoque son confrère pour le 4 mai. Le même jour, dans un courrier par lequel il répond à une question posée par Albert Chassagnon, l'administrateur judiciaire, le syndic explique que « compte tenu des recours susceptibles d'intervenir à la fois contre la sanction disciplinaire et contre la solution prise dans le cadre de la procédure collective, il [me] paraît indispensable que la sanction disciplinaire précède la décision du tribunal ».

C'est bien ainsi que les choses vont se passer. Le 10 mai, la décision du Conseil des bourses de valeurs tombe : retrait de l'agrément de Louis Baudouin comme dirigeant de société Baudouin SA; et suspension des activités de la société sur tous marchés, organisés ou non, jusqu'à la constatation par le Conseil des bourses de valeurs qu'elle présente les garanties suffisantes... »

Dès le lendemain, 11 mai, le tribunal de commerce doit se prononcer sur les propositions de quatre repreneurs potentiels.

Il y a là la société de bourse Tuffier et associés. La maison de Thierry Tuffier, figure de légende du marché parisien, premier agent à avoir clamé haut et fort sa volonté de rester indépendant, est celle qui a le plus grossi dans les récentes années. Thierry Tuffier propose de racheter Baudouin SA. Second candidat : ERSI, Evan Ryan Securities Incorporation, une société d'agent de change américaine inscrite à Denver, dans le Colorado, un peu obscure et qui serait liée à des relations de Louis Leprêtre.

Sans surprise, la BPIA, la Banque parisienne d'investissement et d'arbitrage, est aussi au rang des candidats. Sérieusement pressentie dans un tour de table monté quelques mois avant par Louis Leprêtre, la filiale de Duménil-Leblé dispose d'un bel atout. Elle présente son offre en association avec l'un des fondés de pouvoir d'une des grandes charges parisiennes, Jacques Barabé. C'est lui qui avait approché Louis Baudouin avant la réforme. Ce professionnel incontesté semble bien devenu le candidat favori de la SBF après qu'elle eut quelque peu poussé ses investigations chez Baudouin.

Enfin, un groupe composé d'un courtier spécialiste des marchés financiers, Finacor, de la Batif, la principale banque du groupe Thomson, et aussi du Crédit mutuel d'Artois-Picardie propose également un schéma de reprise de Baudouin SA.

Les deux dernières offres sont en réalité très voisines. Mais les dés sont pipés. On ne le saura que plus tard. Comme il le fait quand il est saisi d'offres équivalentes, le tribunal de commerce écoute les anciens responsables de la société. Parce qu'un accord a été négocié quelques jours auparavant entre le groupe Finacor-Batif-Crédit mutuel et Louis Baudouin, celui-ci déclare préférer l'offre de Finacor.

Le 11 mai, donc, Louis Baudouin SA devient Finacor Bourse. Pour la première fois, dans l'histoire du marché parisien, la raison sociale d'un intermédiaire n'est plus le nom d'une personne physique. Pour des raisons commerciales évidentes, les nouveaux dirigeants ne peuvent faire autrement. Le patronyme d'un des plus anciens agents de la place parisienne quitte définitivement le Palais Brongniart.

Mais place est désormais à la justice. Depuis plusieurs semaines déjà, une multiplicité de plaintes sont déposées. D'autres vont suivre. Hugues Laporte-Many, premier juge d'instruction auprès du tribunal, a ouvert son enquête. Des experts travaillent à démêler les opérations et chiffrer le trou véritable laissé par le dossier Baudouin-IPGF. La brigade financière de la police judiciaire se met au travail.

Le dossier Baudouin, pour la Société des bourses françaises, est classé. Dans ses comptes, en face de Baudouin SA, elle a inscrit une provision de 180 millions de francs. C'est la facture officielle laissée dans ses comptes par l'affaire. A l'issue d'une procédure menée au pas de charge, le trait est tiré.

Pas vraiment pourtant. Les comptes sont si complexes qu'il n'est pas sûr que le trou soit finalement du montant initialement affiché.

Surtout, du point de vue boursier, l'affaire Baudouin n'est pas encore finie. Car en face du trou, il reste des titres. Notamment un joli paquet de Cofifa. Ceux-ci, en ce printemps 1988, à Paris, continuent d'intéresser beaucoup de monde. Et un drôle de partage se prépare...

8.

La curée

Le ciel est clair et dégagé ce lundi 13 juin 1988 sur Paris. Sous la verrière du Palais Brongniart, la séance de Bourse est morose, perdante, presque triste. L'indice du jour oscille autour de moins 2 %. Moins 2,5 % à 13 heures; moins 1,33 % en clôture. Huit mois après le krach d'octobre 1987, les boursiers acceptent désormais mieux ces séances de baisse. L'indice, depuis le début de l'année, est remonté. Les rapprochements et autres opérations spéciales se multiplient. Le cœur y est de nouveau. Ce lundi, LVMH, Valéo, Carrefour sont quelque peu entourés. Mais, en ce début d'été, personne ne s'intéresse à la séance.

Au premier étage, les ex-agents de change sont réunis. C'est la première fois qu'ils se retrouvent depuis que, fin mars, ils sont devenus dirigeants de sociétés de Bourse. Un à un, ou par petits groupes, visages défaits, humeur grise, ils ont, sans commentaire, traversé le parquet avant de monter par le large escalier de pierre. Pas un, en ce début d'après-midi, ne manque à l'appel.

Il est 14 heures. En bas, le brouhaha de la séance, pourtant habituel, se fait un peu étrange et angoissant. Dans la salle des assemblées, l'ambiance est lugubre. A la fois nerveuse et apathique. Là, face à ses confrères, Xavier Dupont, depuis quelques semaines président de la Société des Bourses françaises, s'explique. Le visage livide, le phrasé lent, l'ancien syndic raconte.

Ce qui se dit depuis quelques jours est vrai. Le fonds de garantie des ex-charges a été « joué » sur le MATIF! Initiées par un gérant, les opérations se soldaient par une perte d'environ 170 millions de francs début janvier. Elles n'ont pu être résorbées et atteignent aujourd'hui au moins 500 millions de francs! Stupeur dans les rangs. Certains demandent, sur-le-champ, la démission du président. Mais la colère cède la place à l'effarement quand Xavier Dupont parle d'une « absence complète de contrôle au sein de la Chambre ». Mais il omet d'avouer qu'il porte personnellement, avec Cosserat et ces messieurs du Trésor, la responsabilité de cette déconfiture.

La mésaventure survenue à la défunte Chambre syndicale frôle en effet le ridicule. Elle était statutairement chargée de surveiller les professionnels et de garantir la sécurité des opérations. Or le constat est là, incroyable! Le fonds de garantie a été joué sur des marchés à très hauts risques; les procédures de contrôle internes se sont révélées inexistantes. Le trou creusé, plusieurs mois durant, a été caché! Cherchez le professionnalisme... Comment est-on passé de 170 millions à 500 millions? La stratégie a été de se refaire. De cacher la perte, en spéculant gros... pour rétablir la situation. Loin de se résorber, le trou n'a cessé de se creuser. Quant au secret, il n'a pu tenir que quelques mois.

Avec de plus en plus d'insistance, dans les premiers jours de juin, la rumeur a circulé. Pour enfler dangereusement le jeudi 9 et devenir intenable le vendredi 10.

Ce jour-là, au milieu de la journée, Xavier Dupont appelle le Trésor. Il faut intervenir! Chance : un communiqué le vendredi soir, à la veille du week-end du second tour des législatives, doit éviter de voir l'affaire s'étaler à la une des journaux le lundi matin. La Société des Bourses, en cette fin de semaine, passe donc aux aveux : « Le montant des pertes peut être évalué à 500 millions de francs. » Et dans son communiqué, elle rejette très clairement la responsabilité sur le gestionnaire parti il y a six mois : « Ces pertes résultent d'opérations initiées en novembre et décembre 1987 par un ancien collaborateur de la société. Le responsable de ces opérations a profité de l'insuffisance de l'organisation et du contrôle de son service pour accroître ses positions dans l'espoir de redresser une situation compromise. » Ces mots malheureux vont encore aggraver la note : la SBF sera condamnée à payer 150 000 francs de dommages et intérêts à l'ancien gestionnaire. Pour... diffamation. Enfin, le texte se veut apaisant : « Le capital de la société des Bourses françaises n'est pas touché; la sécurité du marché est toujours garantie. Seuls les agents ont perdu de l'argent... »

Mauvais calcul! Le communiqué devait désamorcer la bombe. L'affaire s'étale dès le samedi matin à la une des journaux! Tout le week-end durant, les ex-agents cherchent à comprendre.

Quelques semaines auparavant, le 29 mars, lorsque la Chambre syndicale est devenue Société des Bourses françaises, rien ne leur a été signalé. Les comptes avaient été lus oralement. La description des apports de la Chambre à la SBF, ce jour-là, faisait certes apparaître une provision pour risques de 470 millions de francs. « Les affaires Buisson, Baudouin et les autres expliquent cette somme », avait-il été expliqué. Aucun document écrit n'avait été remis. Et comme, depuis, aucun ex-agent n'était allé au greffe du tribunal de commerce chercher les comptes de la maison commune, personne n'avait rien vu. Et pourtant! Le texte du commissaire aux apports était clair : « La valeur des apports a été fixée sur la base des comptes au 30 septembre 1987. Cette valeur a été corrigée pour tenir compte [...] d'événements exceptionnels qui se sont révélés postérieurement au 30 septembre 1987 et dont l'évaluation n'est pas définitive. » Tout y était! Mais les agents ont toujours eu confiance en leur « patron »... Pas la COB! Moins d'un an après, le chef de son inspection, l'ex-juge Michaud, a transmis ce dossier-là au parquet.

Ce lundi après-midi, donc, les confrères de Xavier Dupont, désormais, savent. Lundi noir pour la profession. Et pour le marché! Celui-ci, ce jour-là, se moque bien que les élections législatives ne donnent pas la majorité au parti socialiste...

Le lendemain, mardi 14 juin, Xavier Dupont démissionne. Il quitte le Conseil des Bourses et la Société des Bourses françaises [1]. Dans un communiqué commun, les deux entités expliquent « avoir pris acte, avec infiniment de regrets, de la décision de Xavier Dupont. [...] Ils ont tenu à rendre hommage au rôle déterminant qu'il a joué dans la réforme et la modernisation de la Place de Paris ».

Dans le même texte, sèchement, les deux conseils « prennent acte de la démission du directeur général de la Société des Bourses, Philippe Cosserat ». Le représentant du Trésor n'a droit, lui, à aucun remerciement. Et pour cause! Si, statutairement, il est dit dans le règlement général de la Compagnie des agents de change, que « le syndic assure la gestion courante » et qu'une « commission de la comptabilité veille à la stricte observation des règles », il était de coutume depuis longtemps

1. Les compétences de la Chambre syndicale des agents de change ont été éclatées entre le Conseil des Bourses et la Société des Bourses françaises.

déjà à la Chambre que ce soit le représentant du Trésor qui assure la gestion du fonds de garantie. Philippe Cosserat est donc en première ligne.

Celui qui, dix années durant, fut le tout-puissant secrétaire général de la Chambre s'en va donc lui aussi. Ce grand commis, unanimement respecté par la presse pour sa maîtrise consommée de l'art de la « langue de bois », qui en douze années passées à la Chambre syndicale a souvent aidé, protégé, pris le parti des agents, n'a droit, à l'heure du naufrage, à aucun hommage. Il est remplacé, subtile ironie, par le président de la CCIFP, Gérard de la Martinière, l'homme qui, avec trois ou quatre autres à Paris, a fait le... MATIF. Quant à Xavier Dupont, c'est Régis Rousselle, sans surprise, qui lui succède.

Au-delà des changements d'hommes, c'est une ère nouvelle qui commence pour le marché. Car pour renflouer le fonds de garantie et le capital de la Société des Bourses, il est décidé de procéder à une augmentation de capital. D'un gros montant : 1 milliard de francs!

Mais tout le monde rechigne. Les sociétés de bourse filiales de grands institutionnels estiment être garanties par les fonds propres d'actionnaires effectivement puissants. Quant aux sociétés de bourse encore indépendantes, elles traînent des pieds : l'année 1987 a été mauvaise, le premier semestre de 1988 est médiocre. Elles n'ont pas les moyens de participer à l'appel de fonds, 20 millions de francs environ par entité. Elles vont donc devoir se vendre à plus bas prix. En cette mi-juin, l'espoir de voir un grand nombre de sociétés de bourse rester indépendantes s'évanouit.

Une solution est donc trouvée : les institutionnels apporteront plus d'argent, et auront d'ici quelque temps un plus grand nombre de voix dans les instances du marché. A terme, banquiers et assureurs feront donc la loi. Un peu plus d'un an après l'annonce de la réforme, le rêve d'une place parisienne qui ne soit pas gouvernée par les « gros » s'écroule.

Triste été! En ce 14 juin 1988, les ex-agents de change, désormais sur la touche, humiliés, leur homme-lige détrôné, leur compétence et leur sérieux mis en cause, meurent une deuxième fois.

Xavier Dupont, ce jour-là, a-t-il une pensée pour le seul d'entre eux qui soit absent? Redevenu simple président d'une société de bourse, se souvient-il, en passant la grille du Palais Brongniart, sous les flashes des photographes, que trois mois plus tôt, jour pour jour, à la même heure, son confrère Baudouin quittait l'enceinte, également déchu?

Le coup de grâce, pour Xavier Dupont, viendra un mois plus tard. Comme tous les dirigeants désireux d'apurer le passif de leurs prédécesseurs, Régis Rousselle et Gérard de la Martinière, les nouveaux patrons de la place de la Bourse, soldent les comptes : un communiqué publié le 20 juillet explique que le trou est finalement de 613,7 millions de francs. Et il ajoute : « L'enquête fait ressortir une absence de contrôle interne et des erreurs d'appréciation dans la conduite des opérations de résorption des positions existantes à la fin 1987... »

La formule, aux oreilles de beaucoup, a un petit air de déjà vu. Ne ressemble-t-elle pas beaucoup à celle utilisée trois mois plus tôt, s'agissant de Louis Baudouin : « carences graves dans la gestion et la surveillance... »?

Mais ce n'est pas tout! Et la mathématique est là importante. La SBF a appelé en juin 1 milliard de francs.

Or elle avait déjà dans ses comptes une provision de 470 millions de francs. C'est donc en quelques semaines 1,470 milliard de francs qu'elle met de côté. Plus du double des 613,7 millions perdus sur le MATIF. Pourquoi? Régis Rousselle et Gérard de la Martinière ont décidé de « faire le ménage ».

Une partie des fonds permettra de constituer une provision pour les problèmes d'une dizaine de sociétés de bourse. A hauteur de 700 millions environ. Pour quelles sociétés de bourse? On cite évidemment Buisson et Baudouin. D'autres noms circulent alors. Mais la liste ne sera jamais donnée. Une chose est sûre : certains sont « renfloués »... sans être montrés du doigt. Le sens du secret a la vie dure! Mais encore tout abasourdis par la déconfiture de la Chambre syndicale, est-il un ex-agent pour réaliser alors que « Loulou » est seul à ne pas y avoir eu droit?

Pour le Palais Brongniart, Louis Baudouin est loin.

Finacor commence à rapatrier dans ses locaux des Champs-Élysées les équipes de l'ex-charge. Les bureaux de la rue de Provence, bientôt, seront loués par une autre société de bourse. KO debout, les ex-agents de change veulent tourner la page. Tout le monde veut oublier l'affaire de la Chambre syndicale, tout le monde a oublié le dossier Baudouin...

Tout le monde? Pas vraiment. En ce mois de juin 1988, sur le marché au comptant de la Bourse de Paris, il est certaines opérations quelque peu troublantes qui se déroulent.

Quelques semaines plus tôt, on a laissé le dossier Cofifa avec comme actionnaire principal la BNP à 33,98 %. Durant les premiers mois de 1988, l'action, emmenée très haut par les achats de Louis Leprêtre, jusqu'à plus de 2 000 francs dans les dernières semaines de 1987, se tient autour de 1 600 francs. C'est le prix auquel elle se trouve dans les séances précédant la destitution de Louis Baudouin, le 14 mars.

Elle va, dans les jours suivants, s'effondrer brutalement. Jusqu'à environ 1 000-1 100 francs. C'est ce prix qu'elle cote lorsque le 4 mai, dans son « rapport d'instruction » sur l'affaire Baudouin, qui précède d'une semaine la destitution définitive de l'agent de change, Régis Rousselle indique « qu'une proposition d'achat à 900 francs pour un bloc de 26 000 titres a été faite fin mars à l'administrateur judiciaire par un établissement ». L'information est pour le moins intéressante! Même si le nom de cet établissement n'est pas donné. Mais personne ne se pose la question. Qui, sinon la BNP, peut être ainsi intéressé?

En effet, ces 26 000 titres permettraient à la première banque française de retrouver précisément le niveau qui était le sien dans Cofifa avant que courant 1987 ne « s'échappent » de ses murs, ou plutôt de ses Sicav, autour de 9 % du capital de cette société.

C'est bien ainsi que va se dérouler le scénario. Le 6 mai, la SBF précise l'opération dans une lettre adressée à Albert Chassagnon (l'administrateur judiciaire a été nommé commissaire à l'exécution du plan par le tribunal de commerce). Le 18 mai, celui-ci avise l'IPGF. Sent-il que l'opération pourrait être un jour contestée? Il s'entoure en tout cas de précautions : il obtient plusieurs lettres de confirmation, multiplie les télex...

Il ne reste plus dès lors qu'à « amener » le cours de Cofifa au prix « proposé ». On n'ose pas dire au prix « convenu »! Dans les premiers jours de juin, le cours de la valeur descend régulièrement. Jusque, sans surprise, à 900 francs. Et en trois séances, les 8, 9 et 10 juin, ce sont précisément 26 000 titres qui sortent du « compte erreur » de la société de bourse Baudouin et du compte

IPGF pour être cédés sur le marché. Sur le marché? Mais avec en face quelqu'un de précis. Ces jours-là, la BNP et l'UAP achètent. Un mois plus tard, dans un avis officiel du 4 juillet, la BNP peut annoncer :

« La part du groupe BNP dans le capital de la Compagnie financière France Afrique était à la date du 10 juin 1988 de : Banque nationale de Paris, 28 559 actions soit 10,98 % et Société financière auxiliaire, 76 847 actions soit 29,55 %, Groupe BNP 106 406 actions soit 40,53 %. »

10 juin 1988! Le jour même où « l'application » s'achève...

Tout est discrètement rentré dans l'ordre. Et mieux que cela, même. Lors des assemblées générales ordinaire et extraordinaire du 2 juin 1988, l'assemblée générale de la Cofifa ratifie la « cooptation comme administrateurs de MM. Claude Reinhart et Jacques-Henri Gougenheim ».

Le premier, numéro 3 de la BNP, auparavant administrateur de la Cofifa, avait été remplacé en cours d'exercice 1986. Quant au second, il est le numéro 2 de l'UAP.

Mais c'est l'entrée au conseil d'un troisième homme qui, en cette journée du 2 juin, attire l'attention : Jean-Claude Mimran est lui aussi nommé administrateur. Après, apprend-on, que « le conseil d'administration a agréé sa candidature » : en cet été 1988, la BNP accueille donc celui qui espérait encore quelques mois plus tôt enlever le contrôle de la BIAO. Surprenant, et bel épilogue!

Surprenant? Pas tant que cela d'ailleurs. Car Jean-Claude Mimran qui porte toujours environ 19 % du capital de la Cofifa peut alors espérer y jouer un rôle à moyen terme. Avec le jeu du droit de vote double attribué aux actions détenues depuis deux ans, il doit normalement peser plus lourd en 1989. L'UAP, toujours désireuse de distribuer ses produits d'assurance en Afrique, pourra voter avec lui. Elle a, le 6 juin 1988, autour de 10 %. Quant à la BMI, Banque des mutuelles industrielles, une filiale indirecte de l'UAP, également proche de Mimran, elle a près de 5 %. A eux trois, ces actionnaires auront donc autour de 35 % du capital. Tandis que la BNP n'aura plus son mot à dire : en effet, les 9 % environ qu'elle récupère de chez Baudouin-IPGF, n'auront eux pas le droit de vote double. Avec 33 %, elle sera juste derrière le bloc UAP-Mimran. Arithmétique parfaite pour changement de contrôle discret.

Sauf que, ironie du sort, comme il s'était grippé pour Louis Leprêtre à la fin de l'année 1987, ce nouveau scénario va lui aussi être contrarié. Et, cette fois-là, de façon irréversible.

En décembre 1988, la BIAO, au titre de l'exercice 1988, déclare une perte de... 600 millions de francs. Le montant consomme la totalité de ses fonds propres. La Cofifa refuse d'assumer les pertes. La BNP, actionnaire prépondérant, tuteur, se retrouve obligée de monter au créneau, comble le trou et reprend en direct 51 % de la BIAO! C'en est fini...

Cette phase du dossier n'est pas sans laisser rêveur. Qu'y voit-on? La SBF sur proposition, certains disent « à la demande », de l'une des plus grandes banques de la place accepte une sorte de « manipulation de cours ». Car en effet, passé le plancher de 900 francs, atteint dans les journées de juin, l'action Cofifa va remonter. Non pas jusqu'aux cours payés un temps par Louis Leprêtre, mais autour de 1 100 francs.

Neuf mois plus tard, en mars 1989, il est même question, dans les couloirs de la BNP, d'un échange entre l'action Cofifa et le CI, certificat d'investissement (action sans droit de vote) ou le TP, titre participatif (espèce d'obligation), de la BNP. La parité d'échange placerait le titre Cofifa autour de 1 200 francs.

Opération bien ambiguë donc que ces ventes de juin 1988. Puisque, appauvrissant les comptes de la maison Baudouin, elles augmentent d'autant ce que la Société des Bourses françaises aura en final à verser pour combler le trou. Certes, la SBF se devait sans doute de parer au plus pressé. Et il est clair que les acheteurs ne se bousculaient pas pour reprendre le bloc Cofifa détenu par Baudouin et l'IPGF. On peut s'interroger cependant sur son empressement. Car elle ne s'est pas montrée aussi rapide pour toutes les lignes de titres détenues par l'IPGF. Ce n'est, par exemple, qu'en décembre 1988 qu'elle vendra les titres Olida-Caby. On peut aussi s'étonner qu'elle accepte, sans négocier sur le cours, que l'opération se fasse au prix de 900 francs.

Mais, en ces journées de juin 1988, à l'heure où la place parisienne, avec la réforme et aussi avec le trou de la Chambre syndicale est en train de passer sous le contrôle des grandes institutions, la SBF peut-elle vraiment refuser quelque chose aux grandes banques? Notamment à la première d'entre elles. Il faut croire que non. Un autre point du dossier paraît le démontrer.

Fin 1986, dans son premier rapport de mission chez Baudouin, Régis Rousselle s'interroge sur les opérations entre deux des traders de la charge et la BNP. Par la suite, la COB et la Chambre relèvent aussi la fréquence de ces opérations ambiguës. Mais à l'heure où la réforme entre dans les faits, au moment où les banques deviennent de plus en plus prépondérantes dans l'organisation de la place, les recherches sur les opérations des deux traders de la charge Baudouin sont peu à peu abandonnées.

Elles constituaient un motif important du défaut de surveillance reproché à Louis Baudouin pour le suspendre le 14 mars; le 8 avril, le service de contrôle de la Chambre continue de les décrire longuement. Le 11 avril, Régis Rousselle inscrit ce « grief » parmi ceux motivant l'audition de Louis Baudouin. Le 4 mai, dans le rapport d'instruction définitif, il n'est plus question que de la seule affaire mise publiquement à jour par la COB, celle des Trois Quartiers. Enfin, le 10 mai, dans la décision de destitution définitive de Louis Baudouin, le Conseil des Bourses de valeurs estime tout à coup que « les faits figurant dans le rapport du service de contrôle de la Société des Bourses françaises, faute d'une instruction suffisante, ne peuvent fournir matière à un grief... ». Superbe revirement alors même que la SBF et la COB, qui enquêtent sur les opérations en question depuis 1985, savent sans doute (du moins peut-on le souhaiter) à quoi s'en tenir!

Faut-il penser que la présence des banques au sein de la nouvelle SBF, et notamment d'un représentant de la BNP au Conseil des Bourses de valeurs, explique ce recul progressif? Certains, au sein même de la communauté financière, le disent. Officieusement. Une poursuite de l'enquête sur ce point aurait peut-être abouti à détailler des mécanismes bien gênants pour l'honorabilité de la place. Car si plusieurs charges ont « chuté », aucune banque, à ce jour, n'a été impliquée dans une des affaires qui ont secoué le marché financier.

Il est vrai aussi qu'une enquête approfondie sur cet aspect du dossier aurait aussi mis clairement au jour l'inexplicable « immobilisme » de la Chambre syndicale, qui, depuis deux ans au moins, savait, et avait même donné à l'un de ses membres une mission de surveillance aux pouvoirs très élargis.

Mais au moment de la chute de Xavier Dupont, qui s'intéresse encore au titre Cofifa? En tout cas pas Louis et Jacqueline Baudouin! Au début du mois de juin, par un acte sous seing privé, conclu avec Finacor, en échange du paiement d'un prix (3 millions de francs, selon certains), l'ancien agent de change et son épouse renoncent à toute procédure juridique à l'encontre du repreneur. Cette convention est la contrepartie de la « préférence » déclarée par Louis Baudouin, le 11 mai, devant le tribunal de commerce. Elle doit rester secrète entre les deux parties. Et les deux parties, effectivement, n'en parlent pas. Mais elle est connue tant de la SBF que d'Albert Chassagnon. L'administrateur y fait même directement référence, en décembre 1988, dans un courrier certes « confidentiel ».

On comprend que Finacor ait souhaité limiter les recours juridiques. Car ceux-ci, dès le mois de juin, s'accumulent. En avril, le parquet du tribunal de Paris a ouvert une information contre X. Louis Baudouin, lui, dépose également une plainte contre X avec constitution de partie civile. Plus une plainte directement contre l'IPGF. Yves Royer, associé majoritaire de la société de remise, dépose une plainte contre la SBF pour défaut de surveillance de la charge Baudouin et des activités de son associé. Il réclame même 120 millions de francs de dommages-intérêts! A cela viennent s'ajouter dans les semaines suivantes plusieurs dizaines de plaintes de clients de l'IPGF et de la charge, gérés par Louis Leprêtre. Quant aux deux associés, ils ne sont pas en reste : chacun dépose plainte contre l'autre. Pour Leprêtre, des fonds de la société de remise parisienne se seraient « égarés » via la filiale canadienne, IPGF Canada, vers les affaires d'Yves Royer à Montréal. Pour Yves Royer des versements inexpliqués à des tiers ont été faits par Louis Leprêtre sur des fonds IPGF. Au total, un très joli imbroglio! Que l'administrateur judiciaire considère d'un œil presque amusé. Quoi de plus classique, en effet, pour retarder une procédure et compliquer la mise au clair d'un dossier, que la multiplication de plaintes... L'instruction, en effet, va prendre du temps. De rapport d'experts en contestations, ce sont plusieurs mois qui s'écoulent... Après le rythme accéléré de la destitution de l'agent de change, la marche du dossier adopte soudainement un pas de sénateur.

Pour la plus grande satisfaction de certains.

Car, de façon surprenante, une fois l'agent destitué, les autres responsables de l'affaire, eux, continuent de vivre comme si de rien n'était. Certes, le parquet a retiré sa carte de remisier à Yves Royer. Mais l'IPGF, largement débitrice, qui a consommé plusieurs fois son capital, n'est toujours pas liquidée. Pour une raison simple : les comptes 1987 ne sont toujours pas arrêtés et au milieu des multiples opérations initiées par Louis Leprêtre, les contestations vont bon train. Yves Royer continue donc de s'occuper de ses affaires canadiennes. Toujours sur le même rythme : quinze jours à Montréal, quinze jours à Paris.

Le cas de Louis Leprêtre est encore plus spectaculaire. En avril 1988, il a démissionné de la société de remise (tout en conservant 49 % des parts). Une démission qui n'a, en fait, pas lieu d'être car, faute de posséder une carte d'auxiliaire de la profession boursière, Louis Leprêtre n'aurait jamais dû être admis par la Chambre syndicale comme associé-gérant d'une société de remise. Mais ceci, pour tout le monde, est du passé! Fameux technicien des marchés, Louis Leprêtre n'a guère à s'inquiéter.

Quelques semaines après avoir cessé de travailler rue Sainte-Anne et rue de Provence il est appelé... par une autre charge d'agents de change! L'une des plus réputées de la place. Le fondé de pouvoir qui, en ce mois de juillet, lui a demandé de venir le voir, n'y va pas par quatre chemins :

– Louis, nous nous connaissons bien. Ce serait trop bête qu'un type comme toi ne puisse pas continuer à faire des opérations sur « l'oblig' ».

Quelques mois durant, Louis Leprêtre, bien sûr non déclaré, opère donc sur le marché « gris » pour le compte d'une honorable société de bourse de la place. Incroyable âpreté du marché financier! Cette solution de rechange ne durera cependant qu'un temps. Les risques sont-ils trop grands? Sa présence s'ébruite-t-elle? Au dernier trimestre 1988, Louis Leprêtre quitte ce job. Il doit alors entrer dans un grand groupe fabricant d'alcools-apéritifs, spiritueux et autres anisettes. Leprêtre doit y être déclaré au service des ventes, mais travailler en réalité à la gestion financière. Il y sera effectivement pendant un temps. Pendant plusieurs semaines, il partage même ses activités entre la société de bourse et la direction financière de la société industrielle. Mais l'ancien associé-gérant de l'IPGF préfère les structures légères aux grosses boutiques. Et début 1989, on le retrouve en passe de s'associer avec un ami dans une société réactivée pour les besoins de la cause, à l'objet social « assez large » : immobilier, assurance, mais aussi... conseil en gestion de patrimoine aux personnes physiques... Les locaux sont modestes mais installés à une superbe adresse, au pied de la tour Eiffel, à quelques pas de la Seine...

Tout au long de ces mêmes mois, le trou de « l'affaire Baudouin » va donner lieu à de multiples estimations, rapports, expertises... Car en effet, si l'IPGF intervenait via la charge Baudouin sans la couverture nécessaire, utilisant indirectement donc en fait la trésorerie de la Chambre syndicale, il y avait cependant, pour les opérations sur actions, en face des positions, des titres. Or, la Bourse ayant monté tout au long de l'année 1988, les titres ont pris de la valeur. Réduisant d'autant le débit de la société. De quelques dizaines de millions de francs. Non pas sur les titres Cofifa vendus en juin, mais sur les Olida-Caby, cédés, eux, en décembre 1988. Surtout, la Chambre syndicale a, dans la précipitation de janvier 1988, commis une erreur.

Le 19 janvier, lorsqu'elle fait vendre par la charge Baudouin le portefeuille d'actions que l'IPGF détient sur le marché à règlement mensuel, elle omet une règle de base. Elle doit normalement prévenir par lettre recommandée le client, en l'occurrence, l'IPGF, quarante-huit heures au moins avant de réaliser ses titres. Pourquoi cette disposition? Car dans les quarante-huit heures, le client débiteur peut trouver la « couverture », les fonds nécessaires à garantir ses engagements (un quart de leur montant). D'ailleurs, quelques jours plus tard, à compter du 25 janvier, au moment de vendre les positions débitrices des clients de l'IPGF, la Chambre n'oublie pas cette disposition. Elle avertit en bonne et due forme, par lettre recommandée et les clients de la société de remise, et Yves Royer, l'associé majoritaire.

L'oubli concernant le portefeuille d'IPGF est important. Car, et c'est évidemment ce que disent aujourd'hui Yves Royer et Leprêtre, ils auraient sans doute obtenu d'une banque un prêt leur permettant de couvrir les positions vendues. Il fallait pour cela trouver 15 millions de francs. Mais la possibilité ne leur en a pas été laissée. Or, le 19 janvier 1988, la Bourse est presque au plus bas. Les titres, ce jour-là, ont été vendus avec, au total, une perte d'environ 40 millions de francs par rapport à leur prix d'achat. Depuis, l'indice du marché se redressant, la position globale n'a fait que remonter. Conservée, elle serait, au 31 décembre 1988, gagnante de plus de 20 millions. Sans cette erreur, le trou de l'affaire Baudouin aurait été bien moins profond.

D'autant, que depuis le 14 mars 1988, il n'a cessé de se réduire. A l'arrêté des comptes, le jour de la destitution de Louis Baudouin, l'IPGF avait un débit sur le marché obligataire de 79 millions de francs; mais elle avait aussi, symétriquement, des titres à recevoir. Une quinzaine de millions de francs a été réglée depuis. De la même façon, lors de l'émission d'OBSA Olida-Caby de septembre 1987, une charge d'agents de change s'était-elle fait livrer des actions (attachées aux bons) sans avoir préalablement acheté les bons. Une dizaine de millions de francs, sur cette affaire-là, sont eux aussi « rentrés ». Et d'autres surprises attendent encore les enquêteurs : entre les 300 scellés, les dizaines de mètres de listing informatique, la complexité des transactions sur le marché financier, tout n'est pas encore éclairci...

Un an après la chute de Louis Baudouin, l'instruction judiciaire estime le trou « entre 50 et 100 millions de francs ». Sans pouvoir encore arrêter un compte définitif. « Le dossier IPGF-Baudouin, déclare-t-on au Palais de Justice, est aussi celui de la comptabilité des charges d'agents de change. Il est sûr qu'avec des procédures efficaces de comptes et de contrôle, Louis Leprêtre n'aurait pas pu se mettre dans une telle situation. »

Certes, Yves Royer et Louis Leprêtre expliquent qu'il convient de continuer à travailler et qu'au final, ne manqueront plus que quelques millions de francs. Mais les différentes parties au dossier n'en paraissent pas vraiment convaincues. Le 26 janvier 1989, Finacor a ainsi obtenu du tribunal de Paris une ordonnance de saisie sur les actifs d'IPGF à hauteur de 87 millions de francs. Une jolie somme!

La brigade financière, elle, en est à examiner « les trains de vie » des différents protagonistes du dossier.

Tâche délicate. Des fonds peuvent avoir été investis dans des titres et portés par des comptes ou des sociétés évidemment difficiles à dénicher.

Si l'enquête sur le « train de vie » d'Yves Royer et de Louis Leprêtre (mais aussi de leurs affaires) n'aboutit pas, alors, estime-t-on au Palais de Justice, il faudra chercher ailleurs.

Mais où?

La brigade financière a mis une croix sur la piste « Jacky Imbert ». Cette thèse, largement avancée au départ, est depuis tombée.

Un blanchissage d'argent serait plutôt de nature à améliorer les comptes d'une charge d'agents de change. Sauf à utiliser une technique, classique à en croire les spécialistes du sujet à la Police Judiciaire, consistant, pour réintégrer de l'argent « sale » dans un circuit classique, à justement prendre soin, pour ne pas attirer l'attention, de dégager des pertes.

Bien évidemment, le MATIF apparaît l'instrument idéal pour ce type de manipulations. Or le MATIF de Baudouin avait justement très vite grossi. Mais, il n'a pas dégagé de pertes. Ni sur les comptes maison. Ni, de façon significative, pour un client. De plus, à peine l'affaire éclatée, la CCIFP a annoncé clairement que, tant en ce qui concerne les opérations que les clients, le MATIF de chez Baudouin était « nickel ». Au total, les enquêteurs, après avoir, parmi les clients, épluché les comptes, vérifié l'identité et l'existence des différents noms, numéros ou sociétés, ont, depuis plusieurs mois déjà, fermé cette piste. D'autant que les opérations entre l'IPGF et Baudouin, à elles seules, permettent d'expliquer le débit de l'affaire. Alors, pourquoi Jacky « le Mat » était-il rue de Provence? Préparait-il quelque chose? En a-t-il été empêché? Impossible dorénavant de le savoir. Jacqueline Baudouin assure évidemment le contraire :

– Jacky ne m'a jamais demandé quoi que ce soit concernant la charge. Et ce n'est pas au moment de la vendre que nous aurions commencer.

Reste la thèse de l'argent « politique ». Nul n'y croit! Pas même les enquêteurs. Dans une autre importante affaire qu'il instruit, le juge Laporte-Many a inculpé un individu connu pour ses liens avec le P.S. et qui tente, encore aujourd'hui, d'échapper à la justice, au tribunal correctionnel, en essayant de faire couvrir les actes qui lui sont reprochés par la dernière loi d'amnistie, n° 88-828, du 20 juillet 1988, par laquelle ont élé lavés, pardonnés, oubliés tous les délits en rapport avec le financement d'un parti politique. La ficelle est un peu grosse. Sans doute Yves Royer comme Louis Leprêtre ont-ils des amitiés, des soutiens, des appuis. Mais ceux-là sont-ils aussi étroits que les intéressés veulent le laisser croire? Là encore, le Palais de Justice paraît sceptique quant à une destination « politique » du trou. Il existe sur le marché financier des instruments plus simples et plus discrets que les opérations initiées par Louis Leprêtre pour dégager de l'argent, à commencer par le MATIF. Surtout, l'addition tombe juste. « Entre 50 et 100 millions de francs on peut à la fois placer les opérations boursières à dénouement perdant, qui laissent donc " facture ", et l'argent effectivement détourné, explique-t-on au Palais de Justice. La seule inconnue qui reste est de déterminer le partage exact entre les deux. »

Et paradoxalement, plus Louis Leprêtre à force d'explications réduit le montant du trou, plus la thèse de l'argent détourné prend de la consistance.

« On imagine mal deux individus rester en France après avoir détourné 100 millions de francs. Par contre, si le trou, après s'être réduit, s'explique d'abord par des pertes sur le marché et, ensuite, par des détournements classiques comme il en existe de nombreux de la part de gérants de SA, à hauteur de 20 ou 35 millions de francs, alors la situation est courante... »

Un an après, la vérité, pour l'enquête judiciaire, se situe là. Dans ce partage entre pertes et détournement. Le trou de l'affaire Baudouin est finalement très banal.

Mercredi 15 février 1989, à l'aéroport de Roissy-Charles de Gaulle, deux hommes attendent le vol du matin en provenance de Montréal. Il est 7 heures environ, heure de Paris. Le Boeing 747 se pose lentement sur la piste principale. Au contrôle des passeports, ils reconnaissent Yves Royer. L'associé-gérant de l'IPGF a une valise à roulettes à la main. Il se sait attendu. Mais pas par les deux hommes qui s'approchent de lui. Dans une Renault 11 de la PJ, il est emmené rue du Château-des-Rentiers, au fin fond du XIIIe arrondissement, en bordure du « Chinatown » parisien.

Yves Royer n'est pas vraiment surpris. Il sait qu'il va retrouver là Louis Leprêtre. En effet, le même jour, à l'heure du laitier, vers 6 heures du matin (Louis Leprêtre, les hommes de la PJ le savent, est très matinal), deux hommes sont venus le chercher à sa maison, dans la lointaine banlieue parisienne. La voiture, là, est une Renault 20.

Quarante-huit heures de garde à vue, de questions serrées, d'explications. Le lendemain, Jacqueline Baudouin rejoint les deux associés de l'IPGF. La femme de l'agent de change a, elle, été convoquée par la PJ. En fin de journée du jeudi 16, ils sont tous trois emmenés devant le juge d'instruction. Louis Leprêtre ressort inculpé d'escroquerie, d'abus de confiance, et d'abus de biens sociaux; Yves Royer n'est inculpé que d'abus de confiance et d'abus de biens sociaux ; il ne peut, jusqu'à nouvel ordre, quitter le territoire français. Jacqueline Baudouin ressort inculpée d'abus de confiance. Le chef d'inculpation retenu contre elle devrait être celui d'abus de bien social. Il lui est en effet reproché un découvert sur son compte à la charge d'environ 500 000 francs. Mais l'abus de bien social n'existant que dans la SARL, il y a dans ce cas (Baudouin fut société en commandite avant d'être SA) requalification du délit en « abus de confiance ».

Il est presque 20 heures, ce jeudi soir. Il fait beau et sec sur Paris. Boulevard du Palais, Jacqueline Baudouin arrête un taxi. Direction Neuilly. Yves Royer et Louis Leprêtre, avant de rentrer chez eux, marchent quelques instants sur les quais.

Il n'y a pas grand monde dans la piscine de l'Automobile Club de France, ce vendredi 3 mars 1989. Comme tous les après-midi, depuis bientôt un an, Louis Baudouin vient y nager. Lentement. Après une vingtaine de minutes dans l'eau, il remonte. Les habitués de l'endroit savent qu'il s'agit de « l'ancien agent de change ». Louis Baudouin discute un peu avec quelques-uns des membres. On parle de choses et d'autres. Poliment.

Jacqueline Baudouin l'a accompagné en début d'après-midi, comme elle l'accompagnait auparavant à la Bourse. Elle va bientôt venir le chercher. Avant même la destitution, la Ferrari Testarossa a été changée pour une superbe Rolls bleue. La Rolls, à son tour, vient, quelques semaines auparavant, d'être revendue. C'est dans sa petite Autobianchi rouge que Jacqueline Baudouin roule désormais. Sur la place de la Concorde, Louis Baudouin sort. Là, près du kiosque à journaux, il voit la voiture. Au passage, il achète la dernière édition du *Monde*.

Jour après jour, l'homme continue de suivre le marché. Les affaires, les OPA... Cette semaine, Bernard Pagézy, le président de la Compagnie du Midi, a été mis en minorité par l'assemblée générale. Claude Bébéar, le patron d'Axa, va le remplacer à la tête du groupe. Cette semaine aussi, l'ancien gestionnaire des fonds de la Chambre syndicale a été inculpé.

La petite Autobianchi gagne Neuilly. Arrivé à son domicile, l'ex-agent découpe dans la presse ce qui l'intéresse. Ce jour-là, l'inculpation de l'ancien gestionnaire. Il saisit un dossier bleu. La dernière coupure concerne l'affaire Buisson. En janvier, les agents Buisson ont eux-mêmes mis leur société de bourse en règlement judiciaire. La Cogéma leur réclame... 333,9 millions de francs. Louis Baudouin a une pensée pour son ancien confrère, Jacques Buisson. De trois ans son aîné, Jacques Buisson était « monté » agent en 1957, deux ans avant lui. Louis Baudouin, sur la coupure, a souligné le chiffre : 333,9 millions. Une nouvelle fois, il s'interroge : pour quelle raison la Chambre syndicale a-t-elle pris une décision à mon encontre alors qu'elle n'en a pas pris concernant Buisson, même s'il est vrai que celui-ci a été abusé?

Il s'assied. L'article précédent date aussi de janvier 1989. C'est l'histoire d'un remisier et de ses clients qui se sont fait vendre par une charge des titres... invendables. Pendant quinze années, le remisier s'est battu pour récupérer ses fonds et ceux de ses clients. Pendant quinze années, la Chambre syndicale a étouffé...

Louis Baudouin sait que quelques articles plus loin, il va retrouver « l'affaire de la Chambre syndicale ». Dans quelques semaines, le 27 avril, le Parquet de Paris chargera Pierre Martinez, le chef de la brigade financière de la police judiciaire, d'« effectuer une enquête préliminaire sur l'éventuelle dissimulation des pertes subies sur le MATIF par l'ex-Chambre dirigée par Xavier Dupont ».

Pendant longtemps, Louis Baudouin n'a pas cru que sa destitution était définitive. Il parlait de revenir à la charge. Puis il s'est résigné à la situation.

De temps en temps, il espère que la requête qu'il a formulée devant le Conseil d'État va aboutir. La SBF, pour le suspendre, a en effet combiné deux textes d'une façon qui choque certains juristes. Le second, la loi du 22 janvier 1988 (celle de la réforme du marché financier), était censé abroger le premier, le décret de 1890. Or le décret d'application de la loi de janvier 1988 n'a été publié qu'après le 14 mars 1988... Le 17 précisément.

Mais ce soir-là, Louis Baudouin est las. Même reconnue juridiquement bancale, il sait que sa destitution ne pourrait être rattrapée. On ne revient pas sur de telles décisions. Il referme le dossier. Comme à son habitude, il va écouter de la musique. Le *Requiem allemand* de Brahms. Beaucoup d'affaires, depuis un an, ont secoué la place parisienne. Mais, il est l'unique responsable à avoir été sanctionné. Flagrante injustice. Dans quelques jours, ce sera le premier anniversaire. Un seul de ses confrères, depuis les « événements », l'a appelé. Mais, c'est vrai, il n'y a plus d'agents de change, il n'y a plus de Compagnie. Et « l'académie de la finance », en pas même deux années, a brûlé deux siècles de puissance financière, d'autorité et de prestige.

Paris, le 8 mai 1989

Table

CET OUVRAGE A ÉTÉ COMPOSÉ
ET ACHEVÉ D'IMPRIMER SUR ROTO-PAGE
PAR L'IMPRIMERIE FLOCH À MAYENNE
POUR LES ÉDITIONS ALBIN MICHEL
EN MAI 1989

AM

N° d'édition : 10680. N° d'impression : 27889.
Dépôt légal : mai 1989.

Imprimé en France